21世纪普通高等院校系列教材

宏观经济分析综合实验教程

HONGGUAN JINGJI FENXI ZONGHE SHIYAN JIAOCHENG

主 编 周 练

西南财经大学出版社
中国·成都

图书在版编目(CIP)数据

宏观经济分析综合实验教程/周练主编 .—成都:西南财经大学出版社,2021.12

ISBN 978-7-5504-4678-6

Ⅰ.①宏… Ⅱ.①周… Ⅲ.①宏观经济分析—高等学校—教材
Ⅳ.①F015

中国版本图书馆 CIP 数据核字(2021)第 265560 号

宏观经济分析综合实验教程

Hongguan Jingji Fenxi Zonghe Shiyan Jiaocheng

主编 周练

策划编辑:孙婧
责任编辑:刘佳庆
责任校对:植苗
封面设计:杨红鹰 张姗姗
责任印制:朱曼丽

出版发行	西南财经大学出版社(四川省成都市光华村街 55 号)
网 址	http://cbs. swufe. edu. cn
电子邮件	bookcj@ swufe. edu. cn
邮政编码	610074
电 话	028-87353785
照 排	四川胜翔数码印务设计有限公司
印 刷	郫县犀浦印刷厂
成品尺寸	185mm×260mm
印 张	9.5
字 数	236 千字
版 次	2021 年 12 月第 1 版
印 次	2021 年 12 月第 1 次印刷
印 数	1— 2000 册
书 号	ISBN 978-7-5504-4678-6
定 价	25.00 元

前言

宏观经济学自20世纪30年代创立以来就成为经济学体系中最重要、最具活力的分支。几十年来，宏观经济学处于较快的发展变化之中，新的理论、新的思想、新的方法不断涌现，宏观经济学家的理论研究水平不断提高，对现实的问题思考也不断深入。面对宏观经济学中观点各异的各种流派、纷繁复杂的现实问题和不断推陈出新的理论模型，怎样才能做到运用宏观经济理论和模型来研究实际问题呢？显然，首先要掌握好理论和模型，不同的理论适合于不同的情景和场合，掌握的理论越多，分析问题时可利用的工具就越多；对理论的理解越深刻，分析实际问题的能力就越强。其次是熟悉所要研究对象的具体情况，掌握的实际情况越多，提出的政策建议就越有针对性。为了培养学生分析现实问题的能力，本书努力把宏观经济学的理论与宏观经济的实际情况结合起来。

宏观经济分析实验课程通过科学的实验方法验证宏观经济学的基本理论，进而发现新的问题、新的观点，以揭示宏观经济运行规律和特征，初步培养学生对宏观经济运行进行分析和预测的能力。这门课程对学生理解和把握宏观经济运行态势，解读国家大政方针和经济发展战略有着重要的引导作用，对学生科学地认知宏观经济现象和问题有着重要的启示作用。

作为宏观经济学实验课程的教材，本书以宏观经济学主流理论框架体系为参照，在借鉴国内外实验经济学和经济学课堂实验研究成果的基础上，以经济学实验设计原理为指导，以宏观经济学教学实验设计为重点，设计编写了宏观经济运行分析、菲利普斯曲线形态规律分析、需求贡献测度分析、资金流量过程和结果分析、挤出效应分析、经济周期和经济增长分析等方面的实验案例。同时本书充分借鉴了国内外同类教材的优点，在总结编者多年来教学经验的基础上编写而成。

本教材有以下特点：

一是继承性和前沿性。本教材坚持继承、改革、发展的原则，认真总结和吸收国内外同类教材的精华，力争博采众长，教材内容具有一定的继承性和稳定性。作为一门中级水平的宏观经济学教材，既不能只介绍基本原理，也不能完全采取数学导向的研究方法，重要的是把宏观经济学中的主要脉络和经济学中的前沿思想介绍给学生。

本书比较全面地阐述了宏观经济分析的主要理论和方法，为高年级本科生开展原发性研究打好基础，为学生进行创新性研究提供依据。

二是本书不拘泥于宏观经济学的系统性，主要就宏观经济学、国民经济核算等相关理论中的一般原理，结合我国国民经济统计资料及宏观经济分析的实践，做更深入的分析，以印证宏观经济理论，提高读者分析问题和解决问题的实际能力。

三是不局限于静态分析，而侧重于动态分析。为了使宏观经济模型更加接近于实际，编者从基础理论模型出发，着重导出各个宏观领域的动态经济模型，使之适应的范围更为广泛，更好地服务于宏观经济分析。

本书可作为高等院校经济学、管理学本科生的教材，也适合作为从事宏观经济理论和应用研究的相关人员的参考书。本书由广西财经学院经济与贸易学院周练老师主编，参加编写的成员有该学院的唐红祥、邓元媛、陈婷、白玉华等老师。邓元媛老师负责编写第一章，陈婷老师负责编写第二章，周练老师负责编写第三章至第十二章，唐红祥和白玉华老师对全书进行校对和修订，最后由周练老师对全书进行总纂定稿。在本书编写过程中，我们参考了国内外一些教材，在此向这些教材的作者表示衷心的感谢！在编写、审稿和出版过程中，西南财经大学出版社给予了大力支持，在此一并致谢！

由于编者自身水平有限，书中难免有不妥甚至错误之处，欢迎读者及同行专家批评指正，并提出宝贵意见和建议，以使本书能够在再版时修正，得到进一步的完善。

编者

2020 年 11 月

目录

第一章 宏观经济分析的理论基础

■教学目标

1. 理解宏观经济分析范式及方法论。
2. 掌握宏观经济分析方法。
3. 掌握宏观经济分析指标体系。

宏观经济学是主要对宏观层面的经济现象进行描述，主要研究一国经济总量、总需求与总供给、国民收入总量及构成、货币与财政、人口与就业、经济周期与经济增长、经济预期与经济政策、国际贸易与国际经济等宏观经济现象的学科。因此宏观经济分析包括了对整个国民经济运行状况的判断，运行内在机理分析，运行问题以及政府对经济运行的调整政策的分析等内容，宏观经济学为宏观经济分析提供理论基础。从宏观经济学问世至今，宏观经济学随着宏观经济发展演变而不断扩展演化，其范式也呈现出新的变化和特征，为宏观经济分析提供了更具实践意义的分析方法。

第一节 宏观经济分析范式及方法论

一、宏观经济分析的主流范式

所谓范式，是指研究者之间围绕假设、方法论原则、技术等形成的一致看法及最终形成的一种概念体系。一门科学的范式，就是一门科学的研究者共同信仰和遵循的理念，它主要包括一系列关于这门科学所考察对象的根本属性的基本原理或基础假设，也包括这门科学的研究规则。范式中的基本原则或基础假设具有公理性质，这些原理不可能再从更基本的原理中推演而来。范式一经形成，不但规范着一门科学的研究，而且将在相当长的一段时期内保持稳定。宏观经济学属于西方经济学范式，凯恩斯革命之前，主流古典经济分析的资源配置范式一直居于主导地位；凯恩斯革命后，凯恩斯范式又迅速成为现代宏观经济分析的核心。

（一）古典经济学范式

古典经济学是指从亚当·斯密的《国民财富的性质和原因的研究》问世到19世纪70年代边际革命的出现为止的经济学理论。亚当·斯密通过"经济人"假说、自由市场机制和劳动价值论构筑了古典经济学的范式基础。他提出了经济学的基石性假说，即"经济人"假说，从"经济人"出发，亚当·斯密进而提出了以"看不见的手"为核心的自由主义经济思想。"看不见的手"也由此成为整个经济理论大厦的基石。以致有人认为，亚当·斯密相对自由的市场利益最大化假设是经济学的基本范式，经济学的最大化模型从未被取代过。

（二）新古典经济学范式

在范式方面，新古典经济学既接受了边际主义者以边际效用价值论、微观边际分析方法对古典经济学的范式改造，又保留了古典经济学范式中既有的理性经济人、自由市场机制及自动出清或均衡。

在19世纪的最后30年里，经济学逐渐掀起了一场范式革命。1870年，瓦尔拉斯、杰文斯和门格尔几乎同时提出了效用价值论。边际效用价值论认为，商品的价值不是取决于劳动的消耗量，而是取决于主观评价。这样，首先在价值形成和来源的层次上边际主义者就已经实现了对古典经济学传统范式的重要转换，边际主义者运用边际效用、边际生产力等概念提出了新的边际分析法。边际主义者提出，商品和生产要素在市场上的定价与资源的稀缺性有关，资源的稀缺性使人们对市场上的商品和生产要素的估价边际递减，因此，分析经济问题就不能离开供求分析基础上的边际分析。边际分析既是一种经济分析方法的变革，在方法论的意义上也是边际主义者对古典经济学范式进行转换的另一个重要内容。

阿尔弗雷德·马歇尔遵循渐进连续的逻辑，借助牛顿经典力学方法将"看不见的手"推演成为新古典体系，形成了经济学的主流派地位。以供求均衡论为核心的马歇尔新古典体系把以古诺、西尼尔、庞巴维克、穆勒、克拉克等为代表的生产费用论、边际效用论、节欲论和资本的边际生产力理论结合起来，形成了自身的均衡价格理论和收入分配论。最终，他们用一整套严密、全新的经济概念体系与方法论建立了新古典理论命题和基本分析框架，在这个分析框架里，各种交易活动被视为自我一致的领域，利润最大化和均衡成为其理论体系的两个重要支柱，经济学理论完全可以依照牛顿的经典力学方法来建立。同时，也就基本确立了新古典理论在主流经济学中的地位。

此后，经过阿罗和德布鲁等人的努力，新古典理论在更一般的公式化体系中得以更精确化，这个框架就是阿罗-德布鲁范式。阿罗-德布鲁范式最基本的性质是其所要求经济运行的最大协调性与在其所允许的目标和资源使用上的丰富多样性并存，消费者不同的需求都可以由生产者自愿供给而得到满足。在这个范式中，每个经济行为者只需考虑自身的偏好、利润的价格，他们完全有能力预测所有未来的价格，即具有理性预期。"对于现代经济学家来说，阿罗-德布鲁范式也成了现代经济理论的中心结构及经济研究的主要参照系。"①

（三）凯恩斯经济学范式

凯恩斯革命具有范式转换的一切外观现象，其经济理论的核心有效需求原理，就

---

① DEBREU，G. 1959. Theory of Value［M］. New York：John Wiley and Sons.

是直接针对新古典经济学的范式基础提出的，实际上就是对新古典经济学信奉的自由市场经济及其自动出清或均衡的否定，凯恩斯宏观经济学借助上述范式转换开创了宏观总量分析方法。

凯恩斯为了把就业、收入理论和利息、货币、消费、储蓄与投资理论纳入宏观经济理论结构，通过重新认识货币对经济的影响，把实物经济和货币经济紧密地结合在一起，完成了从正统微观经济学的思维范式过渡到凯恩斯主义的宏观经济学范式。直到今天，凯恩斯开创的宏观经济分析和货币分析仍然是宏观经济学的最主要方法。

（四）新古典宏观经济学范式

进入20世纪50年代后，自然科学的革新，为经济学真正步入科学殿堂提供了新范式，使经济学的发展呈现出微观宏观一体化、非主流化、基本假定的宽泛化、经济分析工具的新颖与创新等新特征。最近二三十年来宏观经济学的新发展主要是在各个方面为宏观经济理论奠定微观经济分析基础，依据对微观行为的分析来解释宏观经济现象，论证宏观经济政策，而这方面的工作仍然是沿着古典主义的经济思想和凯恩斯主义这两个对立的方向发展的。

新古典宏观经济学是以理性预期、市场迅速出清且价格和工资是灵活易变的、经济主体最大化三个理论前提假设为基础而建立的，其代表人物卢卡斯的研究范式旨在从实践意义上实现一种反凯恩斯革命，其主要目的是重建古典理论，在一种更高级的形式上解释宏观经济现象，并能在可选择的经济政策之间提供可靠的选择标准。新古典宏观经济学通过吸收新古典经济学的基本假设并增添理性预期等新的假设形成其范式基础，并以此建立了自己的宏观经济理论体系。该学派假设：市场能够自动地、连续地和迅速地出清，因而是均衡的；经济主体不但是理性的最大化追求者，而且他们对经济变量的预期也是理性的，即经济主体的预期不存在系统性的误差。新古典宏观经济学的范式基础完整地坚持和发展了新古典经济学的范式基础和理论体系，并且以更精确的形式表达出来。该范式认为自由市场经济能够自动实现均衡，宏观经济变量与正常值的偏离是各种货币、技术等冲击的结果，并最终得出了其所谓“宏观经济政策无效性命题”，即所有的总需求管理政策都无效，也就是以变化了形式的现代货币数量论重新支持了“货币中性”说。

（五）新凯恩斯经济学范式

新凯恩斯主义者则认为，新古典宏观经济学并非关于人们实际生活世界的理论，其研究方法实质上是脱离现实世界的一种抽象理论。为此，新凯恩斯主义和新古典宏观经济学针锋相对，一方面，它通过引入黏性价格这一重要假设，认为名义变量的波动影响实际变量，因此货币是非中性的。另一方面，新凯恩斯主义者着重考察市场的不完善性，即把不完全竞争、不完全信息和相对价格粘性等作为理解经济波动的关键。因此，新凯恩斯主义经济学与新古典宏观经济学最根本的对立，就是各自坚持不同的范式基础和在范式层次上对于自由市场机制的不同观点。

（六）新制度经济学范式

新制度经济学派和早期由凡勃伦、康芒斯等创立和发展的制度经济学不同，早期的制度学派从一开始就摒弃了新古典范式，用一种不同的历史主义的范式特征来透视制度因素的作用和影响，而新制度学派则完全承袭了新古典经济学的核心假定、方法和工具，如理性经济人假定、稳定偏好、均衡和最大化分析等等，进而在新古典的范式里重新研究资源配置所依赖的制度条件。

新制度经济学虽然是在新古典范式内发展起来的，但是它的某些理论结论也在一定程度上不自觉地突破了新古典范式，新制度经济学着力探讨的信息成本、交易成本、有限理性和机会主义等都潜在地否定了新古典的完全市场假设。道格拉斯·诺斯用新古典框架解释西方世界的兴起，源于他对新古典方法论的坚定信奉；随着他对历史研究的深入，他发现了新古典理论在解释重大的历史变迁时存在着无法克服的矛盾，进而开始对新古典范式进行修正："长期变化最为根本的原因是个人和组织的企业家所进行的学习。为了建设性地探讨人类的学习性质，有必要废除作为经济理论基础的理性假设"①。最终他背离了居于主流经济学核心地位的自动均衡和自然法则的标准，走上了一条将制度变迁看作非最优的、演化的、路径依赖的反主流之路。

（七）代表性经济主体范式

代表性经济主体范式是现代主流宏观经济理论中最为普遍的范式之一，在相当长的时间里，宏观经济学很大程度上是依靠经济行为人同质假定来建立相应的宏观理论的。沟通从微观经济到宏观经济的方法是简单地设定系统总是处于均衡状态中。代表性主体范式是基于对利己行为的基本性质特殊考虑的一种个体行为分离理论，被广泛用于连接宏微观之间的桥梁。对凯恩斯来说，不存在这样一座桥梁。首先，他虽拒绝了个人利己主义至上的原则，但并不意味着个体从其宏观理论中就消失了，恰恰相反，个体在《就业、利息和货币通论》中起着重要作用。他反对的个人利己主义至上原则隐含着对代表性主体假设的否定。因为在宏观经济学中，个体行为的研究从一开始就是依据一种系统的观点，它们进入宏观经济学是以经验或普通的主体，而不是以效用最大化者面目出现的，因此运用主流经济学所采用的代表性主体的行为方式，以局部均衡方法导出的结果来解释整个经济系统是绝对错误的。对应于代表性主体模型，凯恩斯的方法认为个体预期没有相似性，个体是相互独立的，在实际市场中，个体的预期表现出很大的多样性。从宏观经济的角度和实际市场运行的状态来看，问题不在于一个代表性个体所持有的预期，而是大量的、对市场具有一种特殊主体看法的行为主体。

主流宏观经济理论在很大程度上是通过限制性的代表性主体范式来构造宏观经济均衡的微观基础，例如，货币学派、新古典宏观经济学和新凯恩斯经济学均采用了大量的代表性主体分析范式，将微观分析宏观化来建立各自宏观理论的微观基础。新古典宏观经济学和新凯恩斯经济学使用代表性主体范式的目的是希望对所有经济主体行为的建模寻找一种简化的形式，力图探讨个体行为是如何表现并如何将这些行为转换到总量水平。代表性经济主体模型在一般的新古典宏观研究领域特别是实际经济周期理论的分析中成为占支配地位的模型，新古典宏观经济学通过结合理性预期假设来使用代表性主体模型，并认为经济主体在宏观经济活动中有能力把握正确的宏观经济模型；新凯恩斯经济学在吸收了新古典宏观经济学经济主体最大化和理性预期假设的基础上，沿袭了其所采用的代表性主体模型来考虑总量经济问题，一些凯恩斯主义者运用代表性个体假设，采用局部均衡分析来研究宏观的总体经济。这种代表性个体方法隐含接受了单一的总量均衡假定，同时没有明确考虑局部均衡分析的总量延伸问题。

① 诺斯，《时间进程中的经济绩效》，载于《经济社会体制比较》，1995（6）.

以科兰德为代表的并被称之为“后瓦尔拉斯”宏观经济理论，主张需要对“纯粹理论”宏观经济学和“实用主义”宏观经济学进行重新认识，在其基本原则里拒绝了诸如个人利益至上主义、建设性方法和直接作用力假定，并摒弃了一般均衡模型作为其分析的基础。该理论依据有限理性概念建立微观的宏观基础，其宏观基础意味着在进行有意义的微观分析之前，必须首先确定微观决策制定的宏观环境背景。由于主流经济学个体选择理论的总量结果是依据缺乏环境背景的代表性主体决策而产生的，为此后瓦尔拉斯学派反对标准的总体宏观经济学和代表性主体设计，主张将宏观制度约束结合到代表性主体行为中。人们可根据布坎南的制宪方法来分析经济制度的理性选择，这些由演绎推演出的制度便成为微观经济理论的宏观基础。

二、宏观经济学方法论

方法是一门科学的基本出发点，它有着不同的层面，其中占主导地位的被公认的方法经过整理和抽象，上升为一种原则和理念，成为主导学科研究和发展趋向的方法论。方法论是关于人们认识世界、改造世界的方法的理论。它是人们用什么样的方式、方法来观察事物和处理问题。概括地说，方法论主要说明“怎么办”的问题。方法论是一种以解决问题为目标的理论体系或系统，通常涉及对问题阶段、任务、工具、方法技巧的论述。

（一）宏观经济学方法论含义

宏观经济学方法论是关于人们认识宏观经济、改造宏观经济的方法的理论，是一种以解决宏观经济问题为目标的理论体系或系统。它是人们用什么样的方式、方法来观察宏观经济事物和处理宏观经济问题的理论整体，是对宏观经济学研究方法和论述体系的理论概括。宏观经济分析的方法是依据宏观经济学方法论基础产生的方法体系。

（二）宏观经济学方法论层次

宏观经济学方法论是宏观经济学的重要组成部分，对宏观经济理论的发展有重要的推动作用。宏观经济学的方法论，是对宏观经济学研究方法和论述体系的理论概括，它大体上可分为三个层次：第一层次是哲学意义上的、最高抽象层次的经济学方法论；第二层次是经济分析的思维方法，具体表现为：归纳、演绎、实证、规范分析、动态、静态分析、历史分析、抽象分析、微观分析等方法；第三层次是经济学的技术分析方法、成本收益分析、均衡非均衡分析等。

1. 哲学意义的经济学方法论

宏观经济学方法论从属方法论，是一门应用哲学。经济学方法论在哲学层面的运用包括哲学方法论在经济研究中的运用，比如应用辩证法对立统一规律分析经济领域的主要矛盾；另一个是具有类似哲学意义的研究方法和具有方法论意义的经济学原理或定理。如个体主义与整体主义等哲学意义上的方法论；又如效率原理与公平原理在不同经济体制中具有主导性的方法论意义。

经济学本身的性质决定了经济学科的方法论必然是处于哲学方法与具体经济学科方法之间的一种中介，是关于经济学研究的一般方法的总结，从方法论角度回顾经济理论演变的历史，可以进一步认识了解其理论分析和方法结构演进的主线。哲学意义的经济学方法论有三对主要范畴：科学哲学中的归纳和演绎、证实和证伪、实证和规范，而归纳和演绎则是方法论中最根本的问题。在经济学发展史上，出现了归纳法和演绎法、证实和证伪法、实证分析和规范分析的争论。

2. 经济分析的思维方法

这个层面的方法论可分为两个层次：一是一般逻辑思维分析中经济学研究的运用，如经济研究中应用静态分析法和动态分析法，定性和定量分析法等；二是经济学特有的分析方法，如封闭系统分析和开放系统分析法，均衡分析与非均衡分析法等。

静态分析和动态分析的主要区别在于：前者不考虑时间因素，后者考虑时间因素；前者只对一定时间的经济现象进行分析，后者则分析一定时期、一定过程内的经济活动。

封闭系统分析和开放系统分析的主要区别在于：前者限于考察一定经济系统内部的各种力量的作用以及它们彼此之间的关系，后者则注意到经济系统外部的一定的力量对经济系统运行的影响，以及经济系统内部与外部力量的相互作用。这两种分析各有自己的适用范围。例如，货币学派在考察货币供应量的变动对一国经济的影响中，采取封闭系统分析时，只注意本国货币供应量的变动所造成的影响，而在采取开放系统分析时，则要加入国外货币供应量变动、一国国际储备额变动、国际资本短期和长期流动、汇率变动等因素的作用。在某些场合，封闭系统分析有助于判明经济系统运行中的特征和存在的问题，而在另一些场合，开放系统分析则更能说明这一点，它们是互为补充的。

均衡分析与非均衡分析的区别主要是：均衡分析考察经济中若干变量（如供给、需求、价格、收入、货币数量）之间的关系，把有关变量之间的均衡与不均衡作为解释经济现象及其变化的基本因素。其中，一般均衡分析考察各个市场之间的均衡的建立与破坏，局部均衡分析考察单个市场的均衡的建立与破坏。非均衡分析则认为经济现象及其变化的原因是多方面的、复杂的，不能单纯用有关变量之间的均衡与不均衡来加以解释，而主张以历史因素、制度因素、社会因素的分析作为基本的分析方法。例如，关于工资水平的确定问题，采取均衡分析方法的经济学家指出，劳动力供求的均衡与否是工资水平制定的主要依据；采取非均衡分析方法的经济学家则指出，工资水平的确定在相当大的程度上取决于劳动力市场以外的因素，如一国的历史条件，文化和社会状况，政府的干预作用等。从这个意义上说，非均衡分析往往与制度结构分析结合在一起，而均衡分析通常是数量分析（总量或个量分析）中的一种。

3. 经济学的技术分析方法

最近二三十年来，宏观经济学的新发展主要是在各个方面为宏观经济理论奠定微观经济分析基础，依据对微观行为的分析来解释宏观经济现象、论证宏观经济政策，新古典宏观经济学和新凯恩斯主义在方法论上的矛盾在于新古典宏观经济学通过理性预期的假设得出了“货币中性”的结论，实际上也就在方法论上恢复了新古典经济学的“两分法”；而新凯恩斯主义虽然接受了理性预期假设，但得出的观点与新古典宏观经济学还是有很大的差别，特别是“货币非中性”结论；同时，新古典宏观经济学和新凯恩斯主义在某种程度上都放弃了逻辑实证主义的分析方法，特别是前者的理论体系普遍运用了高深的数学模型，并大量采用计量经济模型验证自己理论的正确性。

宏观分析技术属性上可分为定量分析与定性分析。定量分析是依据统计数据，建立数学模型，并用数学模型计算出分析对象的各项指标及其数值的一种方法。定性分析则是主要凭分析者的直觉、经验，凭分析对象过去和现在的延续状况及最新的信息资料，对分析对象的性质、特点、发展变化规律做出判断的一种方法。相比而言，前一种方法更加科学，但需要较高深的数学知识，而后一种方法虽然较为粗糙，但在数据资料不够充分或分析者数学基础较为薄弱时比较适用，更适合于一般的投资者与经济工作者。两种分析方法对数学知识的要求虽然有高有低，但并不能就此把定性分析与定量分析截然划分开。事实上，现代定性分析方法同样要采用数学工具进行计算，而定量分析则必须建立在定性预测基础上，二者相辅相成，定性是定量的依据，定量是定性的具体化，二者结合起来灵活运用才能取得最佳效果。不同的分析方法各有其不同的特点与性能，但是都具有一个共同之处，即它们一般都是通过比较对照来分析问题和说明问题的。正是通过对各种指标的比较或不同时期同一指标的对照才反映出数量的多少、质量的优劣、效率的高低、消耗量的大小、发展速度的快慢等，才能为作鉴别、下判断提供确凿有据的信息。因此，进行宏观分析必须重视充分发挥比较法的作用，将比较法与解剖法结合起来运用。通过解剖可以发现经济现象的内在联系与矛盾，这就为对比法提供了充分发挥作用的条件。

近些年来，随着宏观经济现象的复杂性问题的显现，一些经济学家呼吁更多地关注经济历史和制度，提倡一个多学科系统分析，采用诸如生物演化、历史、社会学和心理学的分析方法来建立一个满意的经验模型。在宏观经济领域，非线性经济学方法论问题的探索越来越受到人们关注，例如，混沌自组织理论已经被作为非线性方程系统的抽象模型展现出来；经济演化理论在吸收混沌理论、耗散结构理论等方法论基础上，运用非线性动力学方法研究经济系统的反馈机制、报酬递增现象等，这种变化的新趋势意味着旧范式将会被超越和某种新范式的萌动，进而为人们开辟研究复杂社会经济系统的新途径提供了可能。

第二节　宏观经济分析方法

宏观经济分析方法是指从全局出发，对宏观经济运行状态和变化规律进行系统分析的科学方法。宏观经济分析方法发展到今天，已经形成了自己的分析框架和理论体系。经济分析理论是建立在科学的假定上，宏观经济分析方法亦要遵循一定的科学假定条件，并能深入地认识错综复杂的经济结构，掌握各因素的相互关系，相互影响程度和变化特点，实现全面系统地、综合性地分析和把握宏观经济运行规律。

一、总量分析法

总量是反映整个社会经济活动状态的经济变量，包括两个方面。一是总和。例如，国民收入是构成整个经济各单位新创造价值的总和，总投资指全社会私人投资和政府投资的总和，总消费是指参与经济活动各单位消费的总和。二是平均量或比例量。例如，价格水平是各种商品与劳务相对基期而言的平均价格水平。

总量分析法是指对影响宏观经济运行总量指标的因素及变动规律进行分析，如对国民生产总值、消费额、投资额、银行贷款总额、物价水平的变动规律的分析等，进而说明整个经济的状态和全貌。总量分析法是一种动态分析，因为它主要研究总量指标的变动规律。同时，也包括静态分析，因为总量分析包括考察同一时间内各总量指标的相互关系，如总额、消费额和国民生产总值的关系等。

二、统计分析方法

统计分析方法通过对指标变量的统计分析，观察指标的特征变化以及隐藏的规律。在具体应用中，通常需要同时分析很多变量的分布情况，这就需要应用统计方法。现代经济学的一个重要特征就是利用统计数据和统计方法分析经济问题，随着经济的发展，越来越多的未知问题需要通过分析已知的数据特征去推测未来可能的发展趋势。统计分析方法通常有两种方式：一种是拆分变量，通过对单一变量的分析观察该变量单独作用，这样可以避免受到其他变量的影响；另一种是同时分析多个变量，通过对多个变量的综合分析，从多个方面去了解研究对象的特征，从而能够在宏观上对事物的特征和趋势有整体的把握。利用统计分析方法，通过对经济指标截面数据以及时序数据进行分析，研究宏观经济的结构均衡性特征以及发展趋势。

三、结构分析法

结构分析法是指对经济系统中各组成部分及其对比关系与规律的分析方法。如国民生产总值中三次产业的结构分析、消费和投资的结构分析、经济增长中各因素作用的结构分析等。结构分析主要是一种静态分析，即对一定时间内经济系统中各组成部分变动规律的分析。如果对不同时期经济结构变动进行分析，则属于动态分析。

总量分析和结构分析是相互联系的。总量分析侧重于对总量指标的变动分析，侧重分析经济运行的动态过程；结构分析侧重于对一定时期经济整体中组成部分相互关系的研究，侧重分析经济现象的相对静止状态。总量分析很重要，但它需要结构分析来深化和补充，而结构分析要服从于总量分析指标。为使经济正常运行，需要对经济运行进行全面把握，将总量分析方法与结构分析方法结合起来使用。

四、比较静态分析方法

动态与静态的区别在于是否考虑时间因素。静态分析没有考虑时间因素，在特定时间点上，分析各个变量的相关关系，或者分析变量及其变化的影响因素。动态分析则对经济变动的实际过程进行分析，其中包括分析有关总量在一定时间过程中的变动，这些经济总量在变动过程中的相互影响和彼此制约的关系，以及它们在每一时点上变动的速率，等等。分析考察时间因素的影响，并把经济现象的变化当作一个连续的过程来看待。

此外，在宏观经济学中，还有一种重要的方法——比较静态分析。比较静态分析方法是截取两个不同时期，对变量在这两个时期的结果进行比较。例如，凯恩斯在《就业、利息和货币通论》一书中采用的主要是比较静态分析方法。

五、比较动态分析法

掌握了国民生产总值等总量指标的情况只能对宏观经济形势有一个大致的判断，要深入掌握经济运行的内在规律，还必须对经济运行的变动特点进行分析。与国民生产总值等总量指标的分析相比，对经济运行变动特点进行分析更偏重于对经济运行质量的研究，主要包括以下几方面：一是经济增长的历史动态比较，说明增长波动的特征，即所处经济周期的阶段特征；二是经济结构的动态比较，说明经济结构的变化过程和趋势；三是物价变动的动态比较，说明物价总水平的波动与通货膨胀状况，并联系经济增长、经济结构的发展变化等，说明物价变化的特点及其对经济运行主要方面的影响。

（一）经济增长的历史动态比较

经济增长的历史动态比较，实际上就是对经济周期的分析与判断。根据宏观经济学理论，在实行市场经济的国家里，经济增长具有周期性。这种周期性反映了国家总体经济活动的一种波动，每个周期由大量经济活动几乎同时的扩张与随之而来的收缩、萧条与复苏等阶段组成，并且这种波动重复出现。一般来说，经济周期分为四个阶段：繁荣时期，即经济活动扩张或向上的阶段；衰退时期，即由繁荣转向萧条的过渡阶段；萧条时期，即经济活动的收缩或向下的阶段；复苏时期，即由萧条转为繁荣的过渡阶段。判断整体经济处于哪一个阶段的主要依据是一个国家的投资规模、工业产量、销售量、资本借贷量、物价水平、利息率、利润率与就业率等经济指标的变动。

对经济周期的研究经历过两个阶段，即传统经济周期阶段和现代经济周期阶段。第二次世界大战之前，各西方市场经济国家的经济周期表现为绝对水平的上升或下降，因此，经济周期统计和分析基本上建立在绝对水平的统计指标基础上。但是20世纪30年代西方大萧条之后，国民经济的发展较少出现原来那种绝对水平的经济波动，据此有人认为西方国家经济周期消失了。然而进一步的分析研究表明：虽然绝对水平的经济波动在消失，但相对水平即经济增长的经济波动却存在。为了区别两种不同性质的经济周期，定义了传统经济周期和现代经济周期的概念。传统经济周期，又称古典经济周期，是指国民经济活动过程表现出的繁荣、收缩、萧条、复苏是在绝对水平的上升、下降过程中循环的过程。现代经济周期，又称经济增长周期，是指国民经济活动过程表现出的繁荣、衰退、萧条、复苏是在相对水平即增长率指标基础上来测度反映和分析的经济波动过程。

在现代经济周期中，其四个阶段的区分已经不明显，不过繁荣阶段与衰退阶段的区别还是比较明显的。通过对前面所讲的几个指标的动态比较，可以发现在繁荣与衰退两个阶段都各有其典型的表现：繁荣阶段，国民经济活动发展到比较高的状态，各行业都欣欣向荣，新行业、新企业纷纷建立，老企业进行更新、开拓，投资规模与生产规模不断扩大，工业产品种类、产量都呈上升趋势。同时，总体市场需求也大大增加，商品销售量猛增。工商业企业迅猛扩张，对资金的需求越来越大，因而信贷规模趋于膨胀，资本借贷量增大，利息率上升；在对资金需求扩大的同时，对另一生产要素——劳动力的需求也相应扩大，因此，失业人数减少，失业率下降。企业盈利增长，利润率提高。衰退阶段，整体经济收缩，各种经济活动都开始衰退，市场需求锐减，产品滞销，各企业被迫缩减投资规模与生产规模，工业产量与销售量急剧减少。随之而来的就是对资金与劳动力的需求的相应减少，资本借贷活动收缩，失业率上升。企业利润率普遍下降，部分企业甚至倒闭关门。经济运行这种潮汐般的涨落对投资者的影响非常大。对投资者来说，能否识别整体国民经济处于哪个阶段，能否预测经济循环将在何时转到下一阶段，这对于其资金的投入方向、规模等的选择至关重要。因为各种行业受经济周期循环作用的程度并不完全相同，有些行业受其影响很大，当循环处于繁荣时期时，它们随之繁荣，而在循环转向衰退时它们也随之衰退；有些行业受循环的影响则较小。前者一般包括生产奢侈品、装饰品或一些耐用消费品的行业以及旅游业等需求弹性较大的行业，因为对这些行业的消费主要视收入状况而定，收入高时就多消费，收入低时就少消费或不消费。因此，在经济繁荣时期人们对该行业的需求就高，该行业的利润率也高；而衰退时期需求减少，行业利润也降低。投资者在经济繁荣阶段或由复苏向繁荣的过渡阶段中就应该选择这些行业投资，以分享其在繁荣时期的丰厚收益；在衰退时期或由繁荣转向衰退的时期则应及时抽出资本转向那些与经济周期关联少的行业。与经济周期关联少的行业主要包括两类：第一类是增长型行业，即由于新技术应用或新产品开发所形成的行业，其产品由于采用了新技术，因而生产效率高、生产成本低、功能强大或用途广泛，价格也不一定很贵，易于为一般消费者接受。而且，作为新生事物，这些行业更有发展前途，具有很强的行业增长能力。投资于这类行业可以避免或减少经济波动带来的影响，并且可以分享由于行业增长带来的利益。第二类主要是一些生产人们生活必需品的行业，如饮食业、服装业、医药业及公用事业等，其产品为人们生活所必需，需求弹性很小，即使收入大幅度减少也不能因此而缩减对此类商品的需求，因此，在衰退时期投资这些行业是比较稳妥的选择，可以少担风险。当然，投资这类行业，在繁荣时期很难获得如奢侈品业等与经济波动密切相关的行业那样的高额利润。因此，如何妥当地安排投资资金，选择最佳的投资组合，在尽量少担风险的同时获取最大利润，仍需投资者把握实际情况，依据形势的变化做出安排。

（二）物价变动的动态比较

物价总水平是综合反映国民经济运行质量的重要指标。市场经济条件下，市场是经济运行的晴雨表，国民经济运行的状态、国民经济环境的变化、宏观经济调控的效果等，都要通过市场供求和行情变动表现出来，而反映市场供求和行情变动的最直接依据就是商品和劳务的价格。一旦经济运行的某个环节出现了问题，就会引起物价总水平一定程度的波动。因此，对投资者来说，观察物价总水平的变动为判断经济形势的好坏提供了重要依据。

物价总水平作为反映宏观经济状况的重要经济变量，从变动的可能性而言，无非有三种：上升、下降和稳定。从实际变动情况看，在一个较长时期内，价格总水平具有不可遏制的上升趋势。因此，分析物价水平变动不能不联系到通货膨胀。

在没有价格管制、价格基本上由市场调节的条件下，通货膨胀与物价总水平上涨是同义语。但是需要指出，一次性或短期性的物价总水平上涨，或者个别商品价格的上涨都不是通货膨胀，只有一般物价水平持续、普遍地上涨才是通货膨胀。

既然通货膨胀是物价总水平持续上涨的现象，那么，对通货膨胀的衡量就可以通过对一般物价水平上涨幅度的衡量来进行。一般说来，常用的指标有以下三种：零售物价指数、批发物价指数、国民生产总值物价平减指数。

1. 零售物价指数

零售物价指数又称为消费物价指数或生活费用指数，它反映消费者为购买消费品而付出的价格水平的变动情况。零售物价指数是由一国政府根据本国若干种主要日用消费品的零售价格以及水、电、住房、交通、医疗、文娱等费用编制计算而得的指数，用以衡量一定时期生活费用上升或下降的程度。

2. 批发物价指数

批发物价指数是根据商品批发价格编制而成的指数，反映一国商品批发价格上升或下降的幅度。

3. 国民生产总值物价平减指数

国民生产总值物价平减指数是按当年不变价格计算的国民生产总值与按基年不变价格计算的国民生产总值的比率。例如，我国 2014 年国民生产总值按当年价格计算为 45 006亿元，而若按 2010 年不变价格计算则为 29 372 亿元。设 2010 年平减指数为 100，则 2014 年的平减指数为 45 006÷29 372×100＝153. 2，说明 2014 年物价比 2010 年上涨 53. 2%。

以上三种指标在衡量通货膨胀时各有优缺点，而且，由于这三种指数所涉及的商品和劳务的范围不同，计算口径不同，即使在同一国家的同一时期，各种指数所反映的通货膨胀程度也不尽相同，所以，在衡量通货膨胀时需要选择适当的指数。一般说来，在衡量通货膨胀时，零售物价指数使用得最多、最普遍。

根据对以上指数的衡量，可将通货膨胀按程度不同划分为三种类型：第一类是温和的通货膨胀，即缓慢而持续的通货膨胀，一般物价水平上涨率不超过 10%；第二类是奔腾的通货膨胀，即较为严重的通货膨胀，物价上涨率达到两位数水平；第三类是恶性的通货膨胀，即物价上涨率达到三位数以上的通货膨胀，这类通货膨胀可能会导致整个国民经济的崩溃。具体地说，通货膨胀一般以两种方式影响到经济：通过收入和财产的再分配以及通过改变产品产量与类型影响经济。通过收入和财产的再分配影响经济表现在随着物价水平的上涨，一方面固定收入阶层、抚恤金与养老金的领取者以及债权持有者将因此而蒙受损失，因为其货币所得并未随物价上涨而增加，这意味着他们的实际所得或实际债权将会应之而减少；另一方面，大部分的工商业企业及债务人、投机者等将从通货膨胀中获得好处。企业将因产品价格比成本价格上升更快而增加盈利，债务人将因货币贬值而减少其实际债务，投机者则因其预测到通货膨胀的来临而进行的投机活动而获得收益。

通过改变产品产量影响经济表现在两个方面：一是由于物价持续上涨使得生产成本上升，如果这种成本的升高不能通过提高产品价格转移到消费者身上，那么企业就不愿生产，总体产量将会下降；另外，在较剧烈的通货膨胀情况下，进行产品或原材料的囤积比进行投资更能获得利润，因而将刺激企业进行投机活动，阻碍工业生产的发展。二是不同商品价格上涨速度并不完全相同，一般地说，需要最迫切、需求量最大的商品价格上涨最快，如生活必需品价格上涨速度往往快于非必需品价格上涨速度。这就造成了投资主要流向那些价格上涨较快的部门，而非必需品生产部门等价格上涨较慢的部门。非必需品生产部门尽管因物价普遍上涨而导致成本上升，但由于产品价格上涨速度慢而使得利润下降，因此，投资就不易流向这些部门。正因为通货膨胀对经济运行有这样大的影响，那么投资者要进行投资就不能不考虑到通货膨胀，就必须对通货膨胀产生的可能及其程度有一个预测。这就要求投资者必须知道通货膨胀是如何产生的。对于通货膨胀产生的原因，传统的理论解释主要有三种：需求拉上的通货膨胀、成本推进型的通货膨胀和结构型通货膨胀。所谓需求拉上的通货膨胀是指通货膨胀是由于经济运行中存在过度需求所造成的结果。这种理论认为一般物价水平的上涨是由于存在过度的需求“拉上”的。货币学派认为由于货币数量的增长率超过了产量的增长率而引起了通货膨胀，或者说由于过多的货币追逐过少的产品导致了通货膨胀。成本推进的通货膨胀则是指由于产品成本上升导致的通货膨胀。有观点认为在经济中存在着某种垄断力量而促使生产成本上升，从而将一般物价水平往上“推进”，造成通货膨胀。成本推进的通货膨胀表现为两种类型：一是工资推进的通货膨胀，即由于货币工资的增长率超过劳动生产率的增长率导致的通货膨胀；二是利润推进的通货膨胀，即垄断经济组织为追逐高额利润，通过制定垄断价格人为地抬高物价而造成的通货膨胀。结构性通货膨胀则是指由于一国经济结构发生变化而引起的通货膨胀。在整体经济中不同的部门有不同的劳动生产率增长率，但却有相同的货币工资增长率。因此，当劳动生产率增长率较高的部门货币工资增长时，就给劳动生产率增长率较低的部门形成了一种增加工资成本的压力，因为尽管这些部门劳动生产率的增长率较低，但各部门的货币工资增长率却是一致的。在成本加成的定价规则下，这一现象必然使整个经济产生一种由工资成本推进的通货膨胀。这一理论实际上仍是对前两种理论的修改与综合。

一般情况下，通货膨胀的最初成因可能是成本推进或需求拉上，有时也可能是其他因素。一旦通货膨胀起动之后，成本推进与需求拉上就互为因果了，一定条件下二者甚至会同时出现，因果关系也不复存在。因此，当通货膨胀发展到一定程度之后，再用需求拉上与成本推进的理论就不合适了。

冲击与传导理论是一种关于通货膨胀成因分析的新的理论。该理论认为，冲击是一种力量施加于经济系统上，这种力量可以来自经济系统内部，也可来自经济系统外部；可以是经济力量，也可以是非经济力量；可以是确定的，也可以是非确定的。例如，进口产品价格上升可以视为一种来自外部的冲击，利率提高可视为一种政策冲击，等等。一个冲击发生后，将会对经济系统产生一系列的影响，这一影响过程称之为传导。如进口产品价格上升必将影响到国内通货膨胀水平上升，这一影响的具体途径，就是一个传导过程。冲击与传导理论对通货膨胀成因的解释是否完全合理，仍有待讨论，但运用这一理论的确有助于解释一些前述三种理论不能解释的问题，而且，在实际分析时，用这一理论比较容易把握问题的重点。

理论与事实都证明：当经济增长速度过快时，必定会出现通货膨胀。可见，在经济增长与通货膨胀之间存在着一定的因果关系，我们可以把经济增长视为影响通货膨胀的一个重要冲击因素。那么，这一因果关系体现在哪里呢？大致地说，有以下几点：一是通货膨胀与经济增长的阶段有关，如果经济增长达到潜在增长水平之下时，其对应的通货膨胀率较低，而当经济增长处于潜在增长水平时，通货膨胀率较高；二是在经济周期的不同阶段，相同的经济增长率可对应不同的通货膨胀率，一般而言，对应于扩张时期的通货膨胀率较低，而对应于收缩时期的通货膨胀率则较高。依据上述两个结论，我们可以看出，要正确把握通货膨胀可能的发展变化，必须把它与经济增长的动态比较结合起来考虑。例如，当前经济增长率处于较高水平，通过种种分析后我们认为下一年度的经济增长可能会呈下降趋势，那么根据前面的结论，同一经济增长率在收缩时期会对应较高的通货膨胀率；又依据通货膨胀与经济增长阶段的关系，因为经济增长是向潜在增长水平下降，所以这一通货膨胀率将会降低。

除了经济增长之外，还有很多比较重要的冲击因素，如政治经济体制的改革、经济结构的转变、战争、国际收支状况以及一些突发的不确定性事件等。在一定条件下，这些因素可能会超过经济增长而成为影响通货膨胀的主要因素。例如，若一国国际收支出现持续的、大量的顺差，那么一方面意味着国内市场上商品可供应量减少，另一方面，因出口换回的外汇或流入的外国资本在国内市场上不能流通，需要兑换成本国货币，就会迫使政府大量投放本国货币。在这两方面原因之下，通货膨胀将会显著上升。可见，要想比较准确地把握通货膨胀的发展状况，必须注意全面观察各种可能的冲击对通货膨胀发展所产生的影响。能否及时判断各种冲击的产生与传导，对投资者来说将是至关重要的。

（三）经济结构变动的动态比较

经济结构是国民经济活动中各种比例关系的总称，主要包括产业结构、分配结构、最终需求结构等，这里只介绍产业结构变动，因为产业结构的发展演化是经济结构变化的中心。

产业结构指国民经济各部门产业之间的分工协作关系。产业结构合理性，对于优化生产力和生产要素的配置，提高经济运行效益，促进国民经济持续、稳定、高速发展具有决定意义。衡量产业结构合理与否的指标是产业结构变化率。对于产业结构已达到高等级的国家来说，这一指标不成为衡量经济形势的主要指标，但对于像我国这样的发展中国家，由于产业结构需要逐步升级，因而产业结构变化率成为衡量经济形势的主要指标。这一指标的具体化就是国内生产总值（GDP）结构变化率，即三次产业在国内生产总值中所占的相对比重变动状况。计算 GDP 结构变化率时可用现价或不变价，如果要用于反映现状可用现价计算指标，若要反映变化规律时则必须用不变价计算。按照经济发展的一般规律，构成国民经济的各项产业在整体国内生产总值结构中的比例应该是在保持绝对量增长的前提下，第一产业（农业）的 GDP 相对比重下降，第二产业（工业与建筑业）与第三产业（流通服务部门），尤其是第三产业的比重上升，才能促进产业结构向高层次演变，经济增长才能更有效率。

六、政策效应分析评价方法

市场经济条件下主要通过市场这只“看不见的手”来调节经济运行，通过价格杠杆与竞争机制来实现资源的合理配置。但是市场机制不是万能的，它也有其自身固有的缺陷或由于经济运行中种种条件的限制而使其作用无法发挥出来，因此还必须由政府这只“看得见的手”从宏观上把握经济局势，采取一定调控措施使市场作用的机制充分发挥出来。政府的这种宏观调控主要表现为制定和颁布各种经济政策与经济措施，因此，对政府政策措施的影响进行分析就成为宏观经济分析一个必不可少的环节。

了解各项主要经济政策的目的是为了给评价现状和预测未来做铺垫，因为对各种经济政策进行分析总是围绕其政策目标、政策手段与工具等进行的，对各项政策的功能特性有一大体认识，在评价和预测时就易于把握大方向。

（一）评价经济政策的步骤

一般说来，分析评价各项经济政策主要有以下几个步骤：第一，确定评价分析的标准。标准应以各项经济政策的政策目标为依据。第二，比较各经济政策实施后的实际结果与政策目标，找出二者之间的差异及产生差异的原因，评价政策手段的有效性；有时还应分析由于某项经济政策实施给其他方面带来的间接影响。第三，根据上一步所得结论，结合新形势的新要求，预测下一阶段可能会实施的政策。

（二）评价经济政策的原则

为保证评价效果正确、有效，对经济政策的评价必须坚持两个原则：一是系统性原则。由于各项经济政策的政策目标都是多元的，那么其效应必定也是多元的；另外，政策效应不仅包括经济效应，往往还包括了一定的社会效应。因此，对政策有效性进行评价必须考虑到各项经济政策的各个目标的实现状况，不能只要增长不要稳定，也不能只讲规模忽视效益，等等。必须从多方面、从整体上评价政策效应的好坏，只有这样才可能对某一政策实施所造成的后果有全面、准确的认识，才能为下阶段的预测提供可靠的依据。二是客观性原则。所谓客观性是指评价应有客观标准，不能只从主观出发来判断政策效应。不同的投资者由于其所处地位、环境、自身实力等有差异，出发点往往各不相同，如果全凭主观判断，很可能对同一现象得出截然不同的结论，显然不利于发现真实的客观状况。因此，评价政策效应必须依据一定的客观标准，尽量以数据与资料为判断依据。

（三）评价政策效应要考虑的两个问题

1. 评价政策效应应考虑到政策机会成本

所谓政策机会成本是指经济政策实施在取得一定效益的同时放弃的其他方面的效益。这可以用付出的代价的大小来衡量。这一代价可以是物质代价，如人力、物力、财力等；也可以是精神代价，如由于政策实施所引起的社会矛盾等。举例来说，如果政策为实现物价稳定目标而对城镇居民进行价格补贴，在总量资金一定的条件下，必然意味着政府用于其他方面的开支要相应减少，特别是减少了用于经济建设的资金，这会使完成经济增长目标受到一定影响。如果为实现物价稳定而在其他方面付出的代价太大，那么就可以认为这一政策是不成功的，在下一阶段很可能就不会再采用这一政策。

2. 在进行评价时还应考虑经济政策效应的间接性问题

经济政策效应往往从其政策目标或手段本身无法直接反映出来，这就需要通过一定的指标间接反映。例如，对于资源优化配置目标来说，“优化”就是一个抽象概念，不同的人对“优化”完全可以有不同的理解，这就要求把它转化为一个或几个具体的、可衡量的指标，才便于做出客观判断。由于各项经济政策种类繁多，反映这些目标的指标更是不胜枚举，限于篇幅，这里只能就资源优化配置、充分就业、物价稳定、国际收支平衡、经济增长、收入公平六大宏观经济目标作介绍。这是因为，各项经济政策均以这六大目标为根本目标，那么其实现状况显然可以反映各项经济政策的实施效果。资源优化配置的结果是经济结构合理化与经济效益的提高，由此，衡量经济结构合理与否和经济效益高低的指标就成为观察资源是否优化配置的标准。如何衡量经济结构合理与否，指标体系包括反映产业结构状况的指标，如资源利用结构、产业总产值结构、产业商品产值结构、产业劳动力利用结构、资金利用结构等指标；反映产业结构的效益的指标，如产业单产、净产值等；还有反映社会效益的指标：产业商品量及其构成、商品率、主要产业产品的人均消费水平。以及反映生态效益的指标；等等。至于反映经济效益高低的指标，从宏观经济角度讲，主要是全要素生产率，即国内生产总值与全部生产要素综合投入量的比率。这一指标可反映单位生产要素投入所带来的国内生产总值，比值越大表明资源使用效率越好。更具体地讲，国民经济生产过程中所投入的生产要素概括起来可分为劳动力与资本（或资金）两部分，那么与之相对应，全要素生产率也可分为两个部分生产率比率：全员劳动生产率与资产产值率，它们分别表示国内生产总值与劳动力综合投入量或资本综合投入量的比率，用以衡量单要素投入所产生的生产效果，从而也就反映了劳动力资源与资本资源的配置状况。经济增长目标主要通过国民生产总值与国民收入两个指标体现出来。在其他条件许可时，经济增长速度即国民生产总值与国民收入增长速度越快，表明政策效应越好。对于收入公平目标的衡量争议较多，目前提出的表示收入分配平等程度的指标较有代表性的有洛伦茨曲线、帕累托曲线、基尼系数、库兹涅茨指数等，其中，库兹涅茨指数是比较直观的一个。库兹涅茨指数又称为相对收入阶层分布，它代表不同收入水平以下的阶层所占的比重，比重就是反映收入分配平均程度的指标。

七、宏观经济问题分析方法

经济运行是一个庞大而又复杂的系统工程，其过程不可能一帆风顺，必然会存在这样那样的问题。这些问题的存在将影响国民经济正常运行，因此，对政府来说，应及时对这些问题进行研究，以制定有效的政策措施予以解决，促进经济良性运转；对投资者来说，也应对此认真分析，预测政府可能采取的调整措施，并据此及时调整自己的投资战略。

经济运行中出现的各种问题依其形成原因主要可分为以下几类：第一，由于自然条件变化引起的问题，很明显，自然条件的变化如自然资源的锐减和自然灾害的发生等，都会引起经济的严重波动，给经济生活造成巨大损失。第二，由于国际政治经济条件的变化引起的问题，主要指国际间政治、经济关系等的变化而引起的大的经济波动，这些变化包括战争、贸易条件急剧恶化、国际封锁和经济制裁等。第三，由于国内非经济条件变化引起的问题，主要指国内政治、社会环境变化对国内经济的严重干扰。例如，发生政治动乱、发生影响社会安定和民族团结的重大事件等，都会给经济生活造成巨大损失。第四，经济系统自身变动引起的问题。例如，货币发行过多引起通货膨胀，分配不公引起比较利益过低行业的衰退，价格调整不合理引起的物价上涨和生产结构扭曲，生产率和经济效率下降，财政收支失衡，利用外资与国际收支失衡等。对由以上原因引起的问题进行分析必须建立在前面各种分析的基础上，总结出主要问题，利用一定的数据说明问题的数量特征，然后从宏观经济管理、经济管理体制、市场体系等方面的失误、不合理或条件不成熟等方面分析问题。

八、经济预测方法

经济预测之所以能够进行，是因为经济现象具有客观规律，这种规律性是可以认识并且在一定程度上是可以控制的。正因为如此，我们才可以根据已观察到的规律性推断未来的发展变化。宏观经济预测是指针对整个国民经济或一个地区、一个部门的经济发展前景所进行的预测，它以整个社会（或地区、部门）的经济发展的总体状况作为考察对象，研究经济发展中各个相关指标、相对数指标和平均数指标之间的联系。例如，研究和预测国民经济发展水平、发展速度和建设规模，预测积累和消费之间的关系，预测各个地区、国民经济各部门、社会再生产各环节的发展水平、速度和比例关系等。又如，在研究和预测物价问题时，宏观经济预测要预测社会物价总水平的变动，研究物价水平对国民收入和工资水平的影响，研究物价总水平的变动和劳动就业率、失业率的关系等。

（一）经济预测基本原理

一是，经济现象的发展变化是连续的。从任一经济现象的全过程来看，其发展的各个阶段具有连贯性，今天的情况是由昨天演变而来的，明天又是今天顺序发展的结果。因此，对现状的分析是建立在对过去的总结的基础上，而对未来形势的预测也必须以对现在的分析为依据。二是，各种经济现象是相互联系的。任何一个经济现象其产生、发展、消亡都不会是一个完全独立的过程，而是种种因素共同作用的结果。因此，对某一经济现象可能发生的变化做出预测就不能局限于仅考虑该现象本身，而要从各个角度出发，全面把握其变化规律。当然，这并不意味着必须对各种影响因素一视同仁，因为在这些影响因素中总是有起主导作用的，分析与预测的重点应该放在主导因素上。根据以上两个基本原理，对未来经济形势的预测主要从以下几个方面进行：

1. 当前经济运行中出现的一些问题

这些问题的存在可能会影响到经济的正常运行，那么，它们将对未来经济形势产生何种作用？这种作用是正向的还是反向的？作用程度有多大？针对这些问题政府会采取一些什么措施？所有这些都会对投资者制定未来投资战略产生重大影响。

2. 经济发展提出了什么样的要求

经济发展的不同阶段，对能源、交通、农业、工业等等有不同的要求，政府为此而采取的相应措施也会发生变化。这就使得投资者必须及时预测可能产生的变化并相应调整自己的投资战略。

3. 由于政治需要或其他一些因素导致的变化

在许多情况下，政治或其他一些因素将对经济发展起到决定性的作用。国际政治形势的变化、国内政治体制的改革、战争、自然灾害等都可能使经济发展的方向与速度发生很大的改变。这也要求投资者能对这些问题有一个较为清醒的认识，对可能出现的情况做好准备。

（二）定性经济预测

定性经济预测是对某一经济现象的未来状态所作的一种描述，也就是对未来的经济状态提供可能变动的方向，而非数量的大小所做出的精准预测。例如，未来某一时期某种商品的供需状况是均衡还是失衡，价格总水平是上涨还是下降等。定性预测技术常常是在对预测目标只要求有概括性的了解，而不需要详细的数量信息的情况下使用。传统的定性分析方法有：

1. 非正式定性预测法

通常指决策者凭经验的主观判断或直观感觉的预测方法。这种方法主要用于紧急的、临时的现场预测。

2. 正式主观预测法

（1）决策树法：对每一可能的事件给定主观概率，然后利用贝叶斯原理进行预测的方法。

（2）销售人员估计法：将销售的预测值自下而上加以总计的预测方法。

（3）专家预测法：将市场、生产、财务和管理等多方面的专家联合起来，专家根据职业的经验和直觉进行预测的方法。这种方法如果采用模糊数学的技术，往往可以取得较好的预测效果。

（4）先期调查、市场研究预测法：通过民意调查潜在的消费者及研究其他企业的动向，从而对未来市场进行预测的方法。

3. 技术预测法

（1）考查预测法：以现有已收集的情报为基础，广泛地预测未来各种可能性的方法。

（2）规范预测法：根据所估计的未来的目标、需要等入手，来追溯如何设计规划，达到上述目标的预测。

（三）定量经济预测

这种预测是运用经济数据统计方法所得到的数据资料，根据预测目标中的经济指标之间的关系，建立预测模型以推导出预测值。它按预测结果的数字表现形式，可分为点预测（定值）和区间预测（确定置信预测区间和置信水平）。这种预测方法在第二次世界大战后的西方国家得到了广泛而迅速的发展。这是因为：第一，西方国家自20世纪30年代以后普遍建立了国民经济核算体系，为定量预测方法的推广提供了资料基础。第二，计算机技术的迅速发展与普及，解决了定量预测中许多复杂的计算问题。同时，经济信息处理手段的现代化，使人们能够快速地处理大量经济信息，为定量预测提供了良好的技术条件。第三，凯恩斯经济理论的确立，为建立经济计量模型提供了理论基础。传统的定量分析方法有：

1. 时间序列预测法

（1）概估法：预测值等于最近时期的实际值加减5%，这对某些短期的预测应用来说既简便又比较实用。

（2）趋势外推法：根据时间序列曲线、指数曲线、S形曲线或其他类型的曲线趋势进行外推。这种预测方法的结果对于短期和中期预测来说，一般比较准确，但对于长期的预测可能出现较大的偏差。

（3）平滑法：通过平滑、平均化过去的实际值，来确定其预测值。这种方法通常用于短期预测，尤其当变量的历史观察值既存在着某种基本模式，又存在着随机波动时，比较适用。

（4）滤波法：其预测值表现为对过去实际值的最佳加权线性组合。它是在平滑法的基础上改进而得来的，尤其适用于历史数据的基本模式比较复杂的情况。

（5）自回归移动平均法（又称鲍克斯-金肯斯预测法）：这种方法的预测值表现为过去实际值和（或）误差的线性组合。这是目前比较有效且成本较低的一种定量预测方法。

（6）分解法：这种方法将时间序列分解为四种基本的潜在模式——长期趋势、循环变动、季节变动和随机波动。这种预测方法应用的范围较广，但预测的工作量和成本较高。

2. 因果预测法

（1）单回归和复回归法：这种方法描述了自变量（单个或多个）与因变量（单个或多个）之间的线性关系，其理论基础就是数理统计中的回归分析。

（2）经济计量模型法：其基本思想是确定一些复回归联立方程组形成计量模型，来表现经济中的某些主要变量以及它们之间的关系，然后联立求解得出预测值。虽然这种预测方法能够较好地反映实际情况，但由于实现该方法比较复杂，费用较高，需要的数据较多，所以通常只是那些拥有大量数据的大公司、行业集团和国家作长期规划时才用得到。

九、宏观经济景气动向分析方法

通过对国民经济形势的综合分析，可以基本了解经济发展的速度与质量，大致把握经济运行的主要方面，但是对于经济周期的转变，特别是转变的转折点却较难把握。因此，为研究分析经济周期变化的过程，预测其转变的方向与时机，需要运用景气动向分析方法。

宏观经济景气分析是一种经济周期分析方法，它主要是指通过分析一些主要宏观经济指标的变动，研究经济周期变化的客观规律性，预测经济波动的趋势及其影响，为企业经营和宏观经济调控提供决策依据。如前所述，经济波动分为繁荣、衰退、萧条、复苏四个阶段，它的变化是有一定规律性的，而且必然会通过一定的经济指标的变化反映出来。这些指标称为敏感性指标，通常按周期循环的时间性区分为三类，即领先指标、一致指标与滞后指标。

宏观经济景气动向分析方法是在既有的统计指标基础之上，筛选出具有代表性的指标，建立一个经济监测指标体系，并以此建立各种指数或模型来描述宏观经济的运行状况和预测未来走势。由于这套指标的描述和预测功能，我们也称该指标体系为宏观经济的“晴雨表”或“报警器”。编制景气指数的最主要目的就是预测经济周期波动的转折点。如果领先指数走出谷底，出现回升，预示着一致指数在若干个月后也会回升，也就是总体经济将出现复苏，而滞后指标则是对一致指数的确认，也就是再过几个月以后滞后指标也会出现回升。

宏观经济景气指数包括先行指数、一致指数、滞后指数、预警指数。先行指数是由一组领先于一致指数的先行指标合成，用于对经济未来的走势进行预测；一致指数是反映当前经济的基本走势，由工业生产、就业、社会需求（投资、消费、外贸）、社会收入（国家税收、企业利润、居民收入）四个方面合成；滞后指数是由落后于一致指数的滞后指标合成得到，它主要用于对经济循环的峰与谷的进行确认；预警指数是把经济运行的状态分为五个级别：“红灯”表示经济过热，“黄灯”表示经济偏热，“绿灯”表示经济运行正常，“浅蓝灯”表示经济偏冷，“蓝灯”表示经济过冷。

（一）领先指标

领先指标是指相对于国民经济周期波动，在指标的时间上领先，例如某指标走上高峰或跌入低谷比国民经济周期早若干个月，那么就称这些指标为领先指标。这些指标对即将到来的年份里的经济情况可以提供预兆。我国一般采用以下指标作为领先指标：轻工业总产值、一次能源生产总量、钢产量、铁矿石产量、十种有色金属产量、国内工业品纯购进、国内钢材库存、国内水泥库存、新开工项目数、基建贷款、海关出口额、经贸部门出口成交额、狭义货币 M1、工业贷款、工资和对个人其他支出、农产品采购支出、现金支出、商品销售收入共十八项指标。

（二）一致指标

一致指标是指代表国民经济周期波动特征的指标，这些指标的转折点大致与国民经济周期的转变同时发生，它们并不预示将来的变迁，而是表示国民经济正在发生的情况。我国常采用如下指标作为一致指标：工业总产值、全民工业总产值、预算内工业企业销售收入、社会商品零售额、国内商品纯购进、国内商品纯销售、海关进口额、货币流通量、广义货币 M2、银行现金收入共十项指标。

（三）滞后指标

滞后指标是指相对于国民经济周期波动，在指标的时间上落后，例如某指标的高峰或谷底均比国民经济周期的高峰或谷底落后若干个月，则称该指标为滞后指标。我国主要有：全民固定资产投资、商业贷款、财政收支、零售物价总指数、消费品价格指数、集市贸易价格指数共六项指标。

（四）扩散指数

上述各种指标虽然可以反映预期的经济情况，但不同的指标可能向不同方向变动，这就出现了如何来决定整个经济向哪个方向变动的难题。例如，若领先指标中一半向上变动，一半向下变动时，整个经济是向上还是向下变动？为解决这个问题，需要编制一个复合指数称为“扩散指数（Diffussion Index）”，以代表不同组的总变动方向。扩散指数的计算方法是将敏感性指标呈上升的赋值为 1，持平的赋值为 0.5，下降的赋值为 0，利用下面的计算公式：

综合的扩散指数（Dit）=［（上升的敏感性指标数目+持平的敏感性指标数目×0.5）/敏感性指标总数］×100%

Dit 表示在 t 时刻上综合的扩散指数。在实际计算中，计算扩散指数的间隔时间有 1 个月、6 个月、9 个月不等，较长的间隔时间有利于突出短期波动的趋势。通常扩散指数是分别就领先指标组、一致指标组、滞后指标组计算的，即领先扩散指数、一致扩散指数、滞后扩散指数。

依据扩散指数数列可以对经济景气状况，也就是经济波动状况进行分析。一般说来，把扩散指数数列的波动分解成四个阶段进行分析：

第一阶段，当 0<Dit<50%时，上升的指标数小于 50%，但扩张因素在不断地生长，收缩因素在逐渐消失，经济形势在向扩张方向运动，这时经济运行是处于不景气空间的后期。

第二阶段，当 50%<Dit<100%时，经济情况发生了重大转折，上升的指标数大于下降的指标数，经济处于景气空间的前期，随着 Dit 向 100%的不断趋近，经济运行当中的热度越来越高。

第三阶段，当 100%>Dit>50%时，上升的指标数仍然大于下降的指标数，但是扩张率在不断下降，这时经济处于景气空间的后期。由于在运行中有些变量已经达到了它们的极限，正在走下坡路，所以整个经济系数正处于降温阶段。

第四阶段，当 50%>Dit>0 时，经济运行中的力量对比又一次发生重大转折，上升的指标数小于下降的指标数，经济系数正面临全面收缩的阶段，经济形势又进入一个新的不景气空间。根据扩散指数变化的四个阶段特征，投资者可以通过比较历史，分析经济波动扩张和收缩过程的规律性，即扩张过程中的时间特征及其与总量波动间的数量关系；还可分析国民经济活动主要方面、主要因素在扩张中的作用，在此基础上，利用扩散指数预测未来经济形势的变化趋势及范围特征等。

十、国民经济形势的产业分析方法

国际上一般根据社会生产活动历史发展的顺序对产业结构进行划分：产品取自自

然界的部门称为第一产业；对初级产品进行再加工的部门称为第二产业；为生产和消费提供各种服务的部门称为第三产业。但是，对于各种具体行业应划归哪一产业，各国并不一致。我国一般以农业为第一产业，以工业与建筑业为第二产业，除此之外的各行业都算作第三产业。第三产业又可分为两个层次：第一层次是流通部门，主要包括商业、交通运输业、邮电通讯业、饮食业等；第二层次是为生产和生活服务的部门，主要包括金融、保险、房地产、公用事业等。国民经济形势的产业分析方法主要就各产业对经济运行的影响及其自身发展规律作阐述和分析。

（一）农业发展状况分析

1. 农业对国民经济发展的贡献

我国有一句话俗语，叫作“民以食为天”，它形象地体现了农业在国民经济中的基础地位和作用。具体地说，农业对于国民经济发展的贡献表现在四个方面：

第一，产品贡献。农业部门向各非农部门提供足够的粮食以支持其发展，并且提供一些农产品作为非农部门发展的原料。

第二，市场贡献。在多数发展中国家，农业是国内工业品的主要市场。农业对于工业品的需求既包括消费品，也包括生产资料。在较发达国家或发达国家，尽管农业相对比重有所下降，但由于其绝对规模仍非常庞大，所以仍能为工业生产提供广阔市场。

第三，要素贡献。农业总产值在国民生产总值中占有相当重要的地位，因此，农业对于储蓄和投资有重大影响；另外，农业部门的剩余劳动力还是增加工业城市人口的主要来源。

第四，外汇贡献。农产品的出口可以为国家换回大量外汇，特别是在发展中国家，由于工业相对较落后，农产品和其他初级产品的出口是获得外汇的重要来源。正因为农业对于经济发展有着如此巨大的影响，因此一旦农业发展停滞，那么不仅工业等非农业部门发展所需的产品与要素得不到保证，而且还会影响人民的基本生活，造成社会的不稳定，对经济发展极为不利。所以，投资者必须对农业发展状况进行分析，了解当前农业形势的基本特点。

2. 国民经济形势的农业分析

对当前宏观经济形势的总体判断可从农业以下的两方面进行：一是主要农产品供给状况。包括粮食产量、棉花产量、油料作物产量、畜牧产品及水产品产量等。由于这些产品不仅是人民生活的基本必需品，还是工业生产的重要原料，因此，其产量与价格的变动将会引起经济较大的波动。二是农民收入增长状况。作为工业产品的主要市场，农民收入的相对增长将在很大程度上影响到工业产品的产量及其类型。同时，农民收入的相对增长程度还将影响农民进行农业生产的积极性。进行上述两方面的分析主要是通过比较历年来主要农产品产量、农民平均收入等指标，计算其增长情况，并将这一结果与国民经济增长率进行比较以观察农业发展的趋势。至于对下年度农村经济基本走势的预测也应从上述两方面着手，根据分析所得结果，结合可能影响农业生产变动的各种有利或不利因素进行。一般说来，导致农业生产发生较大波动的因素主要有：自然灾害、国家对发展农业的重视程度及采取的措施、主要农产品进出口状况、农业生产资料供给状况、农业生产技术革新等。

（二）工业发展状况分析

工业生产发展是提高人民物质生活水平的重要手段，是经济发展和社会进步的必由之路，工业发展水平与工业化程度是一国经济发展水平的主要标志。因此，工业形势的好坏将在很大程度上决定整体经济形势的好坏。反映工业发展状况及工业化程度的标志很多，但从世界各国工业发展的一般趋势与基本特点来看，可以归纳为以下几个方面：

1. 工业总产值及其在国民生产总值中的比重

随着经济向更高层次的发展，在保持农业总产值绝对规模增大的前提下，工业总产值在国民生产总值中的比重应不断增大。这是判断工业形势的主要依据。

2. 工业结构变动的阶段性特点

工业结构变动以轻工业生产增加值与重工业生产增加值分别在工业总产值中所占的比重变动为据。依据工业化阶段理论，工业结构的演化分为三阶段：第一阶段为重工业化阶段，即工业由以轻工业为中心向以重工业为中心的发展阶段；第二阶段为高加工度化阶段，即在重工业化后期，工业结构又表现为以原材料工业为中心的发展向以加工、组装工业为中心的发展演化过程；第三阶段为技术集约化阶段，即在工业结构“高加工度化”的过程中，一方面所有工业部门将采用越来越高级的技术、工艺和实现自动化，另一方面以技术密集为特征的尖端工业蓬勃发展。因此，对当前工业结构所处的阶段有明确认识，是判断工业形势的必备条件。

3. 基础产业发展状况

能源、重要原材料、通信和铁路运输等产业是国民经济发展的基础，如果这些部门的发展不能与经济发展同步进行，就会形成制约经济发展的“瓶颈”，不利于经济的持续发展。因此，基础产业发展状况是判断工业发展以及经济发展潜力的重要依据。

4. 企业组织结构状况

一方面，体现在产业和产品集中度方面。一些规模经济要求较高的行业，如钢铁、汽车等支柱产业，其生产企业的规模应大而集中，才能保证规模生产，获取规模效益。如不能达到这一要求，那么这些行业必然成本高、效率低。另一方面，体现在地区间、企业间的合理分工与专业化协作。那种企业“大而全”“小而全”和地区部门分割、自成体系的状况，显然不符合现代化大生产的要求。

5. 工业经济运行的质量

工业经济运行的质量主要是通过工业总产值、全员劳动生产率、利税总额、利润总额、工业产品销售率、流动资产周转次数、企业亏损面与亏损额等指标体现。通过对这些指标的动态对比以及在不同地区、不同国家间的对比，再结合前面所做分析，可以综合反映工业形势的各个方面。

（三）第三产业发展状况分析

第三产业作为为生产、生活和社会提供服务的各个部门的总和，对保证第一、第二产业的顺利运行与人民生活水平的提高有着重要作用。经济的发展必须以第三产业的高度发展为依托。具体地说，促进流通环节顺畅、通过提供更多更有效的服务提高社会劳动生产率和人民生活质量、引导和满足不断增大的社会需求是第三产业的根本任务和基本发展方向。第三产业门类众多，在构成国民经济的各部门中，大部分都属于第三产业，其中，商业饮食、运输邮电、金融保险等是第三产业的主要行业。在对第三产业发展状况进行分析时，应给这些主要行业予以特别重视。分析第三产业发展状况主要从以下几方面进行：

1. 第三产业总量及其在国民经济中所占的比重

第三产业在国民经济中所占比重是体现一国经济发展水平与经济结构状况的重要标志。西方发达国家这一比例一般达到70%以上，而我国这一比例较低，2020年第三产业增加值占国内生产总值的比例仅为54.5%，但从增长速度来看，我国第三产业2015—2018年都保持在8%以上，在国民经济中所占比重比以前也有较大提高，说明我国第三产业发展非常迅速。

2. 商业饮食、运输邮电、金融保险等第三产业主要行业发展状况

这些行业作为第三产业的骨干力量，虽然并不直接创造生产力，但由于这些部门的存在，使直接物质生产部门的生产能顺利进行，生产能力得以充分发挥。因此，其发展状况能在相当程度上体现整体经济形势。另外，第三产业作为非物质生产部门，对经济波动的敏感性很强，所以通过观察第三产业这些主要行业的发展状况，能够较为及时地掌握经济运行可能发生的变化，对这些主要行业的考察可从两方面进行：一是其自身增加值的增长幅度；二是其在第三产业中所占比重的变化。

3. 第三产业发展与其他产业特别是工业发展的关系

第三产业作为生产和消费的服务部门，必须与其他产业协调发展，为工业、农业提供完善的服务体系，否则其存在就失去了意义。

4. 第三产业领域里的改革和管理

这一点对于我国尤为重要。由于第三产业在我国发展较晚，起点不高，因此一方面金融、运输、邮电等行业还未形成充分合理的市场竞争机制。另一方面，绝大多数商品经营和价格放开后，交易和价格行为缺乏规范，市场制度建设滞后，流通秩序混乱。此外，房地产市场、证券市场、金融机构、期货交易等方面，尚待加强规范化管理。这些问题的存在，将在短期内阻碍第三产业的发展。

第三节　宏观经济运行分析指标体系

经济运行与发展是一个抽象的过程，其变化与结果都不能为人们所直接接触到，而主要是通过一系列的经济指标反映出来的。各种经济指标在经济运行中互为条件，彼此关联，互相影响，存在着一定的因果关系，并按照一定的规律发展变化。如果国民经济运转出现异常，那么，一定会有一些指标率先反映出来。正是由于经济变量间存在的这种内在联系，才使我们对宏观经济的分析成为可能。因此，宏观经济分析的首要步骤就是熟悉反映宏观经济运行状况的各项指标。

宏观经济指标是反映一定社会经济现象的数量方面的名称及其数值。经济现象的名称用经济范畴表述，经济范畴的数量方面则通过数值反映。经济指标是经济研究、分析、计划和统计以及各种经济工作所通用的工具，由政府或私人机构的各种各样的代理处出版和发布。

宏观经济指标体系由一系列相互联系的、反映社会经济现象的经济指标所构成的有机整体，是综合分析和评价宏观经济系统所需的一系列变量的集合，以达到分析目

标实现程度和协调各子系统关系不可缺少的数据系统。

如果要分析国民经济形势，那么首先就必须对反映国民经济发展状况的各项主要指标，如国民生产总值、国民收入、物价总指数、工农业总产值等有充分的了解；如果要分析货币形势与货币政策就需要熟悉货币供应量、金融机构贷款、居民储蓄存款等金融指标。要了解当年的国民经济形势，可以通过观察国民生产总值、工农业总产值等指标来进行；要了解当年经济形势与上年相比有何变化，可以通过将各年的总体指标值进行对比来寻找答案。但是，要分析为什么会发生这种变化，仅就笼统的总体指标是不行的，还必须把各项总体指标进行层层分解，使之成为具体的分部指标，通过对比这些分部指标的变动情况，分析导致变动产生的原因，从不同的侧面来反映经济运行的内在规律，并根据这一规律预测未来的经济形势。

一、总量指标、相对指标和平均指标

由于宏观经济现象的错综复杂与类型多样，因而反映这些现象的指标也是多种多样的，但概括起来不外是总量指标、相对指标和平均指标三类。

（一）总量指标

总量指标指在统计资料汇总后得到的总和指标，从指标的数字来看表现为绝对数。它反映了某种宏观经济现象在一定时间、地点和条件下的规模和水平。总量指标按其所说明的总体内容的不同，又可分为说明总体各单位某一数量标志值总和的标志总量与表明总体单位总数的单位总数。例如国民生产总值、工业生产总值、农业生产总值、利润总额等都属于标志总量，而企业总数、机构总数、职工总数等则属于单位总数。总量指标是反映一个国家的国情和国力，反映一个地区、部门或单位的人力、物力、财力等的基本指标。同时，总量指标还是计算相对指标与平均指标的基础，相对指标和平均指标是总量指标的派生指标。总量指标正确与否直接影响到相对指标与平均指标的计算结果。因此，总量指标是进行宏观分析、研究经济运行客观规律的重要依据。

正确计算和运用总量指标必须坚持以下几个原则：首先，必须明确各项总量指标总量指标的涵义、范围，分清它与有关指标的界限。例如，在考察国民生产总值、国民收入等时，只有明确它们各自的涵义与范围才能正确运用这些指标来进行分析。其次，不同种类的实物总量指标的数值不能加总，只有同类现象才能计算实物总量。石油产量与电视机产量显然不能加总，而同为农作物的小麦产量与棉花产量也不可混为一谈。最后，同类现象的总量指标的数值其计量单位必须一致才能加总，否则必须先换算成统一的计量单位。

一个国家一定时期的经济形势反映了该国在该时期内整个国民经济活动的成果。这一成果可以用几个主要的综合经济指标表示出来，借以考察国民经济生产、分配和使用的情况，并可用来对不同国家和不同时间进行对比，以分别出各国经济发展水平的高低和发展速度的快慢等。这些综合指标包括：国民生产总值、国民收入、物价指数、利率、工人就业率、进出口贸易额、政府支出、社会商品零售总额等一系列总量指标，其中最重要的是国内生产总值与国民收入。

1. 国内生产总值（GDP）

国内生产总值是共同来衡量该国或地区的经济发展综合水平通用的指标。这也是目前各个国家和地区常采用的衡量手段。GDP 是宏观经济中最受关注的经济统计数字，因为它被认为是衡量国民经济发展情况最重要的一个指标。一般来说，国内生产总值有三种形态，即价值形态、收入形态和产品形态。从价值形态看，它是所有常驻单位在一定时期内生产的全部货物和服务价值与同期投入的全部非固定资产货物和服务价值的差额，即所有常驻单位的增加值之和；从收入形态看，它是所有常驻单位在一定时期内直接创造的收入之和；从产品形态看，它是货物和服务最终使用减去货物和服务进口。GDP 反映的是国民经济各部门的增加值的总额。1952 年我国的国内生产总值只有 679 亿元，2010 年突破 40 万亿元，超过日本，并且稳居世界第二。党的十八大以来，中国综合国力持续提升，近三年经济总量连续跨越了 70 万亿元、80 万亿元和 90 万亿元的大关，占世界经济比重接近 16%。

对于这一概念的理解，应该注意以下几个问题：

第一，国内生产总值是用最终产品来计量的，即最终产品在该时期的最终出售价值。一般根据产品的实际用途，可以把产品分为中间产品和最终产品。所谓最终产品，是指在一定时期内生产的可供人们直接消费或者使用的物品和服务。这部分产品已经到达生产的最后阶段，不能再作为原料或半成品投入其他产品和劳务的生产过程中去，如消费品、资本品等。中间产品是指为了再加工或者转卖用于供别种产品生产使用的物品和劳务，如原材料、燃料等。GDP 必须按当期最终产品计算，中间产品不能计入，否则会造成重复计算；第二，国内生产总值是一个市场价值的概念。各种最终产品的市场价值是在市场上达成交换的价值，都是用货币衡量，通过市场交换体现出来。一种产品的市场价值就是这种最终产品的单价乘以其产量；第三，国内生产总值一般仅指市场活动导致的价值。那些非生产性活动以及地下交易、黑市交易等不计入 GDP 中，如家务劳动、自给自足性生产、赌博和毒品的非法交易等；第四，GDP 是计算期内生产的最终产品价值，因而是流量而不是存量。

一国的 GDP 大幅增长，反映出该国经济发展蓬勃，国民收入增加，消费能力也随之增强。在这种情况下，该国中央银行将有可能提高利率，紧缩货币供应，国家经济表现良好及利率的上升会增加该国货币的吸引力。反过来说，如果一国的 GDP 出现负增长，显示该国经济处于衰退状态，消费能力减低。这时，该国中央银行将可能减息以刺激经济再度增长，利率下降加上经济表现不振，该国货币的吸引力也就随之降低了。因此，一般来说，高经济增长率会推动本国货币汇率的上涨，而低经济增长率则会造成该国货币汇率下跌。例如，2015—2019 年，美国 GDP 的年平均增长率为 2.38%，而欧元区十九国中 GDP 增长率仅为 1.5%，大大低于美国的水平。这促使欧元对美元汇率一路下滑，在不到两年的时间里贬值了 30%。但实际上，经济增长率差异对汇率变动产生的影响是多方面的：一是一国经济增长率高，意味着收入增加，国内需求水平提高，将增加该国的进口，从而导致经常项目逆差，这样，会使本国货币汇率下跌；二是如果该国经济是以出口为导向，经济增长是为了生产更多的出口产品，则出口的增长会弥补进口的增加，减缓本国货币汇率下跌的压力；三是一国经济增长率高，意味着劳动生产率提高很快，成本降低，因而改善本国产品的竞争地位而有利于增加出口，抑制进口；并且经济增长率高使得该国货币在外汇市场上被看好，因而该国货币汇率会有上升的趋势。

在美国，国内生产总值由商务部负责分析统计，惯例是每季估计及统计一次。每次在发表初步预估数据（the preliminary estimates）后，还会有两次的修订公布（the first revision & the final revision）。国内生产总值通常用来跟去年同期作比较，如有增加，就代表经济增长，有利于其货币升值；如减少，则表示经济放缓，其货币便有贬值的压力。以美国来说，国内生产总值能有3%的增长，便是理想水平，表明经济发展是健康的，高于此水平表示有通胀压力；低于1.5%的增长，就显示经济放缓和有步入衰退的迹象。

2. 国民生产总值（GNP）

国民生产总值是综合反映一个国家在一定时期（通常为一年）内的经济活动的成果的最概括、最主要的指标。它是按市场价格计算的国民生产总值的简称，其内容为一个国家所有常住单位在一定时期内收入初次分配的最终成果。一国常住单位从事生产活动所创造的增加值在初次分配过程中主要分配给该国的常住单位，但也有一部分以劳动者报酬和财产收入等形式分配给该国的非常住单位。同时，国外生产所创造的增加值也有一部分以劳动者报酬和财产收入等形式分配给该国的常住单位，从而产生了国民生产总值的概念。国民生产总值的内涵是指明在统计期内所生产的总值如何在国民经济各部门间分配和使用的，它可以用：产品流动法来计算。产品流动法又称为产品支出法或最终产品法。它从产品的使用出发，把一年内购买各项最终产品的支出加总起来，计算出该年内生产出来的产品与劳务的市场价值，即把购买各种最终产品所支出的货币加在一起，得出社会最终产品的流动量的货币价值的总和。运用这种方法计算国民生产总值时不计算作为以后生产阶段投入的中间产品，仅考虑最后供人们使用的产品。例如在美国的国民生产总值统计中，按产品流动法计算可将其国民生产总值表示为 GNP=A+B+C+X-M，其中A代表个人消费支出，B代表私人总投资，C代表政府支出，（X-M）代表净出口。

3. 国民收入（NI）

国民收入是反映一国国民经济情况的另一个主要的综合指标，是指物质生产部门劳动者在一定时期所创造的价值。从社会总产值中扣除物质消耗后的剩余部分就是国民收入，国民收入（价值形态）=社会总产值-已消耗生产资料价值或国民收入（实物形态）=社会总产品-已消耗生产资料。

它是反映整体经济活动的重要指标，因此常被使用于宏观经济的研究中，亦是国际投资者非常关注的国际统计项目。国民收入是反映一个国家国民经济发展水平的综合指标，人均国民收入则是直接反映这个国家社会生产力发展水平和人民生活水平的综合指标。国民收入作为综合指标，它可以反映社会再生产及其最终结果；在不同的社会制度下，国民收入反映不同的社会经济关系。例如，资本主义制度下的国民收入所体现的积累与消费的关系，反映的是无产阶级与资产阶级经济利益对抗的关系；社会主义制度下的国民收入所体现的积累与消费的关系，反映的则是劳动人民长远利益与目前利益之间的经济关系。国民收入作为一个国家一定时期内新创造的价值的总和，能够比较准确地反映这个国家新增加的物质财富，因而也是反映宏观经济效益的综合指标。它有广义和狭义之分，广义的国民收入泛指国民生产总值、国民生产净值、国民收入、个人收入和个人可支配收入五个总量及其相关指标；狭义的国民收入仅指国民收入。

国民收入指标衡量一个国家一定时期内以货币计算的用于生产的各种生产要素所得到的全部收入，即等于工资、利润、利息、租金与政府津贴的总和，也等于国民生产净值减去企业间接税再加上政府津贴，用公式表示为：

国民收入=工资+利润+利息+租金+津贴=国民生产净值-企业间接税+津贴

4. 个人收入（PI）与个人可支配收入（PDI）

与国民收入密切联系的另两个重要的总量指标，即个人收入（PI）与个人可支配收入（PDI）。个人收入指一国在一定时期内个人所得到的全部收入，它等于从国民收入中减去公司未分配利润与所得税，加上政府给居民户的转移支付与政府向居民户支付的利息。个人可支配收入等于从个人收入中减去个人所交纳的所得税、财产税等，表示一国一定时期内可以由个人支配的全部收入，又可分为个人消费支出与个人储蓄两部分。

5. 规模以上工业增加值

规模以上工业增加值是指工业企业在报告期内以货币形式表现的工业生产活动的最终成果，是企业全部生产活动的总成果扣除了在生产过程中消耗或转移的物质产品和劳务价值后的余额，是企业生产过程中新增加的价值。规模以上的工业企业包括工业企业和商业企业。工业企业：年销售额大于 200 万的或者国有企业；商业企业：年销售额大于 500 万的或者国有企业。

工业增加值有两种计算方法：

一是生产法，即从工业生产过程中产品和劳务价值形成的角度入手，剔除生产环节中间投入的价值，从而得到新增价值的方法。

工业增加值=工业总产值-工业中间投入+本期应交增值税

二是收入法，即从工业生产过程中创造的原始收入初次分配的角度，对工业生产活动最终成果进行核算的一种方法。

工业增加值=固定资产折旧+劳动者报酬+生产税净值+营业盈余

6. 进出口贸易额

进出口贸易额就是用货币表示的贸易的金额，而贸易量就是剔除了价格变动影响之后的贸易额，贸易量使得不同时期的贸易规模可以进行比较。这里有三个概念需要掌握。

（1）对外贸易额（Value of Foreign Trade）：就是一个国家在一定时期内的进口总额与出口总额之和。一般用本国货币表示，也可用国际上习惯使用的货币表示；联合国发布的世界各国对外贸易额以美元表示；各国在统计有形商品时，出口额以船上交货使贪使愚（FOB）价格计算，进口额以成本保险费加运费（CIF）价格计算；无形商品不报关，海关没有统计。

（2）国际贸易额（Value of International Trade）：是以货币表示的世界各国对外贸易值的总和，又称国际贸易值。它等于一定时期内世界各国用 FOB 价格计算的出口贸易额之和。

（3）贸易量：贸易量是为了剔除价格变动影响，能准确反映国际贸易或一国对外贸易的实际数量，而确立的一个指标。在计算时，是以固定年份为基期而确定的价格指数去除报告期的贸易额，得到的就是相当于按不变价格计算（剔除价格变动的影响）的贸易额，该数值就叫报告期的贸易量。

贸易量可分为国际贸易量和对外贸易量以及出口贸易量和进口贸易量。

7. 政府支出

政府支出是指各级政府的支出，由两部分组成，一部分是政府购买，如政府花钱修建道路、设立法院、提供国防、开办学校等。这部分计入 GDP。另一部分不计入 GDP，有转移支付、公债利息等。政府支出按政府职能分类，实际上就是按费用类别分类。政府支出可分为经济建设费、社会文教费、国防费、行政管理费和其他支出五大类。

8. 社会商品零售总额（Total Retail Sales of Consumer Goods）

社会商品零售总额指各种经济类型的批发零售贸易业、餐饮业、制造业和其他行业对城乡居民和社会集团的消费品零售额和农民对非农业居民零售额的总和，即一定时期内国民经济各部门向消费者出售消费品和向农村出售农业生产资料以及农民对非农业居民直接零售的总额。该指标可反映一定时期内人民物质文化生活水平的提高情况，反映社会商品购买力的实现程度，以及零售市场的规模状况。由社会商品供给和有支付能力的商品需求的规模所决定，是研究人民生活水平、社会零售商品购买力、社会生产、货币流通和物价的发展变化趋势的重要资料。

社会商品零售总额所计量的是各种经济类型的商业由于经济的发展和社会的进步，特别是随着社会主义市场经济的建立，商品生产和商品交换的领域进一步扩大，用以确立和描述各类消费品市场对居民和社会集团出售商品总和的商品零售额指标的口径范围也做了相应的调整。

在商业统计中，社会商品零售总额按行业可分为商业零售额、饮食业零售额、工业零售额等；按经济类型可分为全民所有制经济零售额、集体所有制经济零售额、个体经济零售额、中外合资和外资独资经济零售额等；按销售对象可分为对城乡居民的消费品零售额、对社会集团的消费品零售额、对农村的农业生产资料零售额等；按商品类别可分为食品类零售额、日用品类零售额、文化娱乐品类零售额、衣着类零售额、医药类零售额、燃料类零售额、农业生产资料类零售额等。

按国家统一规定的划分标准，限额以上的批发零售企业和餐饮企业建立名录库，实施全面调查，由这些企业按月向政府统计部门报送统计报表，逐级汇总而得。限额以下批发零售业、餐饮业企业和个体工商户采用抽样调查推算。

9. 固定资产投资总额（Total Investment in Fixed Assets）

固定资产投资是建造和购置固定资产的经济活动，即固定资产再生产活动。固定资产再生产过程包括固定资产更新（局部和全部更新）、改建、扩建、新建等活动。新的企业财务会计制度规定：固定资产局部更新的大修理作为日常生产活动的一部分，发生的大修理费用直接在成本中列支。

按照现行投资管理体制及有关部门的规定：凡属于大修理、养护、维护性质的工程（如设备大修、建筑物的翻修和加固、农田水利工程和堤防、水库、铁路大修等）都不纳入固定资产投资管理，也不作为固定资产投资统计。固定资产投资统计以固定资产再生产过程的经济现象为统计对象，包括建设准备、设备安装、建成投产的全过程。国家进行固定资产投资统计的范围是指全社会固定资产投资。按照现行统计制度规定：全社会固定资产投资包括基本建设、更新改造、国有单位其他投资、城镇集体经济单位投资、房地产开发投资、零星固定资产投资，城镇私营、个体经济投资，城镇和工矿区私人建房投资和农村固定资产投资。

固定资产投资按建设性质分类，分为新建、扩建、改建、迁建、恢复。基本建设按建设项目划分建设性质；更新改造、国有单位其他固定资产投资及城镇集体投资等按整个企业、事业单位的建设情况确定建设性质；房地产开发单位、农村投资、城镇工矿区私人建房等投资不划分建设性质。

（1）新建：一般是指从无到有、“平地起家”新开始建设的单位。有的单位原有的固定资产很少，经过建设后其新增加的固定资产价值超过原有固定资产价值（原值）三倍以上的也算新建。

（2）扩建：一般是指为扩大原有产品的生产能力，在厂内或其他地点增建主要生产车间（或主要工程）、独立的生产线或分厂的活动；事业单位和行政单位在原单位增建业务用房（如学校增建教学用房、医院增建门诊部或病床用房、行政机关增建办公楼等）也作为扩建。

（3）改建：一般是指现有企业、事业单位为了技术进步，提高产品质量，增加花色品种，促进产品升级换代，降低消耗和成本，加强资源综合利用和三废治理、劳保安全等，采用新技术、新工艺、新设备、新材料等对现有设施、工艺条件进行技术改造或更新（包括相应配套的辅助性生产、生活福利设施）。有的企业为充分发挥现有生产能力，进行填平补齐而增建不增加本单位主要产品生产能力的车间等，也属于改建。

10. 外汇储备（foreign exchange reserve）

外汇储备又称为外汇存底，指一国政府所持有的国际储备资产中的外汇部分，即一国政府保有的以外币表示的债权，是一个国家货币当局持有并可以随时兑换外国货币的资产。外汇储备是一个国家经济实力的重要组成部分，是一国用于平衡国际收支、稳定汇率、偿还对外债务的外汇积累。通常状态下，外汇储备的来源是贸易顺差和资本流入，集中到本国央行内形成外汇储备。具体形式有政府在国外的短期存款或其他可以在国外兑现的支付手段，如外国有价证券，外国银行的支票、期票、外币汇票等。主要用于清偿国际收支逆差，以及当本国货币被大量抛售时，利用外汇储备买入本国货币干预外汇市场，以维持该国货币的汇率。

外汇储备同黄金储备、特别提款权以及在国际货币基金组织中可随时动用的款项一起，构成一国的官方储备（储备资产）总额。外汇储备的主要用途是支付清偿国际收支逆差，还经常被用来干预外汇市场，以维持本国货币的汇率。第二次世界大战后很长一段时期，西方国家外汇储备的主要货币是美元，其次是英镑，20 世纪 70 年代以后，又增加了德国马克、日元、瑞士法郎、法国法郎等。在国际储备资产总额中，外汇储备比例不断增高。外汇储备的多少，从一定程度上反映一国应付国际收支的能力，关系到该国货币汇率的维持和稳定。它是显示一个国家经济、货币和国际收支等实力的重要指标。

中国的外汇储备作为国家资产，由中国人民银行下属的中国国家外汇管理局管理，部分实际业务操作由中国银行进行。中国外汇储备的结构没有对外明确公布过，目前属于国家金融机密。依据来自国际清算银行的报告和路透社的报道，据估计，在中国的外汇储备中，美元资产占 70%左右，日元约为 10%，欧元和英镑约为 20%。

外汇储备作为国际储备体系中最重要的储备资产，是国家综合经济实力的标志之一。长期以来，关于外汇储备适度性的问题，一直是国内外学者探讨的热点。自 1994 年外汇体制改革以来，我国外汇储备规模持续增加。1990 年 1 月至 2014 年 6 月，外汇储备额从 110. 93 亿美元一路飙升至 39 932. 13 亿美元。除了 2011 年和 2012 年的增速有所放缓之外，增长势头一直迅猛。1996 年 11 月我国外汇储备首次突破 1 000 亿美元，2006 年 2 月外汇储备达到 8 536. 72 亿美元，首次超过日本成为全球外汇储备第一大国。2013—2014 年，仅一年时间，我国外汇储备规模就增加了 5 126. 56 亿美元，成为 1990 年至今外汇储备积累增幅最大的一年。直至 2014 年 7 月，我国外汇储备才踩住油门开启了下滑模式。直至 2016 年，外汇储备规模才开始走稳，总体保持在 30 000 亿美元左右的水平。根据我国央行最新发布数据显示，中国 2020 年 6 月末外汇储备为 31 123. 3 亿美元，7 月末报 31 543. 9 亿美元，环比增加 420. 61 亿美元。

十年来，我国外汇储备规模为“储备适度”的占比 29%，储备规模高于上限的占比 66%，其中“储备严重过多”占比最多。我国 2020 年 7 月份外汇储备规模处于“储备略微过多”的水平，虽然目前我国国际收支的经常项目呈逆差、资本和金融项目呈顺差，但可预测 2020 年下半年转为衰退式双顺差的概率较大，因此预计未来外汇储备规模适度性大概率继续保持“储备略微过多”的水平。

长期来看，人民币国际化是我国外汇储备管理的途径之一。有观点认为，实行浮动汇率制的国家外汇储备以 GDP 的 10%左右为好，中国目前的外汇储备水平明显偏高。亚太区国家的外汇储备额占 GDP 的平均比例都要比西方国家高出很多，这个现象并非中国所独有，而且高外汇储备对于维护金融市场的稳定也有帮助。有些观点认为，考虑到中国的银行坏账情况比较严重，适当地增加外汇储备是必要的，而且现在的储备水平还太低。

根据美国财政部数据显示，截至 2008 年 9 月底，中国已超过日本，持有美国国债达 5 850 亿美元，成为美国的最大债权国。有学者认为，不应再用中国外汇储备来买美国国债，因美国未来的形势不明，应尽快实现分散投资。中国的外汇储备还可能在协助解决金融危机上扮演更多新角色，更重要的是，中国必须改变经济增长模式，外汇储备不能再以每年 3 000 亿元的速度增长。

11. 货币存量

货币存量又称货币供应量，指一个国家在一定时点上存在于个人、企业、金融机构、政府等部门的现金和存款货币的数量。货币存量是一个静态的货币概念，它所描述的是某一时点上货币数量的横断面。货币供应量是以美国经济学家 M.弗里德曼为代表的现代货币主义者所推崇的货币政策的中介目标。他们认为货币供应量是经济过程的内生变量，其变动是由商品生产和交易内在因素决定的，同时对经济过程有直接的反作用，又便于中央银行进行直接控制。

在现实的经济生活中，人们往往还将货币的范围扩展到一些流动性较强的短期证券，如国库券、商业票据等等，因为它们可以容易地转换为现金或活期存款而成为现实的购买和支付工具。

国际货币基金组织采用的货币供应量口径是：货币（M0）和准货币（M1 及 M2）。其中，货币包括银行以外的通货和私人部门的活期存款，准货币包括定期存款、储蓄存款和外币存款之和。

M0＝流通中的现金；

狭义货币（M1）＝M0+企业活期存款+机关团体部队存款+农村存款+个人持有的信用卡类存款；

广义货币（M2）= M1+城乡居民储蓄存款+企业存款中具有定期性质的存款+信托类存款+其他存款。

M1 反映着经济中的现实购买力；M2 不仅反映现实的购买力，还反映潜在的购买力。若 M1 增速较快，则消费和终端市场活跃，出现通货膨胀；若 M2 增速较快，则投资和中间市场活跃，出现资产泡沫。

（二）相对指标

相对指标是社会经济现象中两个有关指标之比，它表明了各种经济现象间的数量对比关系。相对指标的表现形式一般有百分数、千分数、系数、倍数等，其中，百分数是最常用的一种。相对指标的优点在于它把反映分子分母两个社会经济现象的具体数值进行了抽象，因而便于在现象间进行对比分析。相对指标能将社会经济现象间的数量对比关系做出明确的说明。例如，通过将工业总产值与工农业总产值进行对比，或将报告期某种主要产品产量与基期该产品产量进行对比等，可以表明经济现象的结构、发展速度和相对强度，为深入分析提供了依据。另外，相对指标还能将现象的绝对数的差异抽象化，使一些不能直接对比的总量指标可以进行对比。

相对指标主要包括以下几种：

第一，计划完成相对指标。它是实际完成数与计划完成数之比，主要用于反映计划完成情况。

第二，结构相对指标。它是总体中不同性质的各部分有关数值与总体数值之比，反映各部分在总体中所占的比重。例如外贸出口额与进出口总额的比值就反映了出口额在进出口总额中所占的比重。另外，通过考察不同时期结构相对指标的变化，可以看出事物的变化过程及其发展趋势。

第三，比较相对指标。它是指同一时期某一同类现象在不同空间的对比，表明某一同类现象在各国、各地或各部分之间的相对差异程度。比如甲国的国民生产总值与乙国国民生产总值之比就反映了甲乙两国在经济实力上的差距。

第四，动态相对指标。它是某一现象的报告期数值与同一现象基期数值之比，反映了事物的发展速度或增长速度。

第五，强度相对指标。强度相对指标是两个性质不同而有联系的总量指标对比的结果。

强度相对指标=某一总量指标数值/另一性质不同而有联系的总量指标数值

强度相对指标是以复名数表示的，有些强度相对指标是采用无名数。强度相对指标的特殊使用是按平均每个人分摊得到的份额表示。由于强度相对指标的分子和分母可以互换，因此有正指标和逆指标两种计算方法。强度相对指标应用十分广泛，它可以反映国民经济和社会发展的基本情况；反映生产条件及公共设施的配备情况；也可以反映经济效益的情况。

因此，强度相对指标有不同总体对比、具有平均含义和分子分母可互换三个特点。

相对指标的计算以总量指标为基础，在计算时必须注意两个对比指标的可比性，这是计算相对指标的前提。只有对比的两个指标包含的内容、范围、时间等完全一致，才能正确地反映经济现象的特征，才能为我们的分析提供依据。在运用相对指标进行分析时还应坚持一个原则：即相对指标要与对应的绝对值结合起来运用。因为相对指标是两个绝对值对比的结果，不同现象绝对水平的差异被掩盖了。事实上，较大的相对数可能是两个较小的绝对数对比的结果，而较小的相对数则可能是两个较大的绝对数对比的结果。如果仅仅观察相对指标而忽视了现象绝对水平的差异，就不能全面反映客观现象的真实情况。例如 2019 年我国国民生产总值增长速度超过 6%，而同期美国的增长速度低于 2.4%，远远低于我国。但是如果联系绝对水平来看，2019 年我国国民生产总值绝对额约合美元 13.6 万亿元，而同期美国国民生产总值约为 20 万亿美元，这表明我国仍需保持较快的经济发展速度才能逐步缩小与发达国家的差距。可见，只有把相对指标与绝对指标相结合，才可能对经济现象进行正确分析。

1. 利率

利率（Interest Rates），就其表现形式来说，是指一定时期内利息额同借贷资本总额的比率。利率是单位货币在单位时间内的利息水平，表明利息的多少。多年来，经济学家一直在致力于寻找一套能够完全解释利率结构和变化的理论，“古典学派”认为，利率是资本的价格，而资本的供给和需求决定利率的变化。凯恩斯则把利率看作“使用货币的代价”。马克思认为，利率是剩余价值的一部分，是借贷资本家参与剩余价值分配的一种表现形式。

利率通常由国家的中央银行控制，在美国由联邦储备委员会管理。现在，所有国家都把利率作为宏观经济调控的重要工具之一。当经济过热、通货膨胀上升时，便提高利率、收紧信贷；当过热的经济和通货膨胀得到控制时，便会把利率适当地调低。

利率是经济学中一个重要的金融变量，几乎所有的金融现象、金融资产均与利率有着或多或少的联系。当前，世界各国频繁运用利率杠杆实施宏观调控，利率政策已成为各国中央银行调控货币供求，进而调控经济的主要手段，利率政策在中央银行货币政策中的地位越来越重要。合理的利率，对发挥社会信用和利率的经济杠杆作用有着重要的意义。

利率体系是指在一定时期内各种各类的利率按一定规则所构成的一个复杂的系统。利率体系按不同的分类标志有不同的划分方式。最主要的划分方式有两种。一是按利率所依附的经济关系划分的利率体系。按此划分，利率主要分为两大类：存款利率和贷款利率。二是按借贷主体划分的利率体系。按此划分，利率主要分为：银行利率、非银行金融机构利率、债券利率和市场利率等。

利率结构是指利率与期限之间的变化关系。目前在存款利率中，各种不同期限利率档次的设计基本上是按照期限原则，并考虑复利因素形成的。以定期一年储蓄存款的利率为 2.25%，定期三年储蓄存款的利率为 2.79%。若某人有一笔现金 1 000 元，按一年期存入银行，到期后取出本息之和再存入银行，仍存一年期，到期后再取出本息，仍全数存入银行（一年期），这样，三年后的本利和如下：

第一年：本利和=1 000＊（1+2.25%）=1 022.50（元）

第二年：本利和=1 022.50＊（1+2.25%）=1 045.50（元）

第三年：本利和=1 045.50＊（1+2.25%）=1 069.03（元）

按这种考虑复利因素的存款方式，三年后他可获得本金和利息 1 069.03 元。但是，如果第一年他就以三年期存入银行，三年后得到的本利和为：

1 000＊（1+2.79%）＊（1+2.79%）＊（1+2.79%）=1 086.05（元）

与第一种存款方式相比，可多获利 17.02 元。这就是说，银行在设计利率档次时，充分考虑了复利因素。确定贷款的期限利率也基本上遵循这一原则。

在市场经济条件下，存贷款各档次利率的形成还取决于对利率水平的预期，如预期利率将上升，则银行存贷款利率就会上升；如预期利率下降，则长期利率先行下降，短期利率也随之降低。

2. 失业率

（1）失业率（Unemployment Rate）

失业率是指失业人口占劳动人口的比率（一定时期全部就业人口中有工作意愿而仍未有工作的劳动力数字），旨在衡量闲置中的劳动产能。在美国，失业率每月第一个周五公布，

通过该指标可以判断一定时期内全部劳动人口的就业情况。一直以来，失业率数字被视为一个反映整体经济状况的指标，而它又是每个月最先发布的数据，所以失业率指标被称为所有经济指标的“皇冠上的明珠”，它是市场上最为敏感的月度经济指标。一般情况下，失业率下降，代表整体经济健康发展，利于货币升值；失业率上升，便代表经济发展放缓，不利于货币升值。若将失业率配以同期的通胀指标来分析，则可知当时经济发展是否过热，会否构成加息的压力，或是否需要通过减息以刺激经济的发展。

（2）就业率（The Employment Data）

另外，失业率数字的反面是就业率，其中最有代表性的是非农业就业数据。非农业就业数字为就业数字中的一个项目，该项目主要统计从事农业生产以外的职位变化情形，它能反映出制造行业和服务行业的发展及其增长，数字减少便代表企业减低生产，经济步入萧条。当社会经济发展较快时，消费自然随之增加，消费性以及服务性行业的职位也就增多。当非农业就业数字大幅增加时，理论上对利率应当有利；反之则相反。因此，该数据是观察社会经济和金融发展程度和状况的一项重要指标。

（3）自然失业率（Natural Rate of Unemployment）

自然失业率指充分就业下的失业率，为摩擦性失业率及结构性失业率加总之和。由于人口结构的变化、技术的进步、人们的消费偏好改变等等因素，社会上总会存在着摩擦性失业和结构性失业。就长期而言，景气循环带来的失业情形常会消失，社会上只留下自然失业现象。“自然”的定义并不明确，没有人能明确地指出一个社会的自然失业率是多少，它会随着人口结构的变化、技术进步、产业升级而变化。

3. 对外贸易依存度

对外贸易依存度是指一国进出口总额与其国内生产总值或国民生产总值之比，又叫对外贸易系数。一国对国际贸易的依赖程度，一般可用对外贸易依存度来表示，体现本国经济增长对进出口贸易的依附程度，也是衡量一国贸易一体化的主要指标。对外贸易依存度的变化意味着对外贸易在国民经济中所处地位的变化。按照上面的定义，外贸依存度最普遍的计算方法是进出口额与 GDP 的比值。由于这种计算方法简单，所以被广泛使用，特别是当一国对外贸依存度进行时间序列比较时常常使用该方法。但是这种算法没有考虑 GDP 中产业结构的组成，例如第三产业中很大一部分属于不可贸易产品，如果一个国家第三产业比重高，那么按这种方法计算的外贸依存度就较低。

对上述方法进行修正的方法是比较可贸易品的依存度。这种方法考虑了 GDP 的产业结构组成，计算结果反映出可贸易品的对外开放程度或对外依赖程度。这里又主要包括两种计算方法，其中第一种方法是计算进出口额与工农业增加值的比值，或者是进

出口额与工业增加值的比值。一些国际经济组织，如世界银行就采取了这样的计算方法，在 2005 年《世界发展指数》中，世界银行计算了各国外贸与货物 GDP（goods GDP）的比值。第二种方法在考虑货物贸易的同时，还考虑了服务贸易对外依赖程度，即分别计算出货物贸易与工农业增加值的比值，以及服务贸易与第三产业的比值，再将两个比值按照一定的权重加权平均。第二种方法比较客观地反映了全面的外贸依存度，但由于计算方法相对复杂，所以一般很少采用。

4. 乘数

乘数是收入的变化与带来这种变化的支出的初始变化之间的比率。用公式表示为 $k=y/J$，其中 Y 表示国民收入的变化，J 表示支出的变化。例如，$k=2$，那么，每年的支出流量比如说投资持续增加，将导致每年国民收入的流量增量为投资增量的一倍。支出乘数包括投资乘数、政府购买乘数等。

乘数作用可通过初始支出后的一系列变化说明。以投资为例，投资的增加引起收入增加，增加的收入中将有一部分花费在其他商品和劳务上，这意味着生产这些商品和劳务的人的收入增加，随后他们也将花费一部分增加的收入。如此继续下去，每一轮的收入增加总量越来越小。显然，最终引起的收入增量的大小取决于每一阶段有多少收入用于消费，即取决于这一系列变化中人们的边际消费倾向。投资乘数之值等于 1 除以（1-边际消费倾向）；或者，由于边际消费倾向与边际储蓄倾向之和等于 1，所以乘数之值等于 1 除以边际储蓄倾向。所以边际储蓄倾向越大，乘数之值越小。乘数是简单的收入-支出模型中的一个基本特征。

5. 物价指数

物价指数又称为商品价格指数，是反映各个时期商品价格水准变动情况的指数。物价指数是一个与某一特定日期一定组合的商品或劳务有关的价格计量。当该商品或劳务的价格发生了变化，其价格指数也随之变化。

编制物价指数的目的，是为国家分析物价变动对国民经济与人民生活的影响，从而制定有关物价宏观调控政策，加强物价管理提供依据。同时，也为企业做出相应的经济决策提供依据。

典型的物价指数有两种：物价总指数和特定物价指数。

（1）物价总指数亦称一般物价指数、综合物价指数，是反映全部商品价格平均变动的物价指数。物价总指数根据广泛组合的商品和一般劳务的价格平均值计算而得的，它反映一个国一般物价水准的变动。我国考察一物物价水准变动的物价指数主要是商品零售价指数。除此之外，也可采用国民生产总值内含价格指数以及其他综合性物价指数。商品零售价格指数是通过抽样调查取得的统计平均数，即对所选的上百种典型的零售商品在不同地点的零售价格加权平均计算的结果。一般物价水准会计需要运用物价总指数，以消除综合物价水准变动对会计报表的影响，且一般采用政府公布的物价总指数，对资产负债表及利润表中的各项目进行换算，使会计报表诸项目均以综合物价水准衡量、反映它们的购买力等值。

在我国，一般社会商品零售物价总指数作为物价总指数，来衡量一般物价水准的变动。在美国，财务会计准则委员会在其第 89 号公告中推荐，企业如果编制一般物价水准的财务报告，可以运用“所有城市消费者的消费品物价指数”。该物价指数由美国劳工部在其发布的《劳工月刊》中定期公布。

（2）特定物价指数亦称个别物价指数、具体物价指数、单项商品价格指数，是用于反映一种商品价格变动的物价指数。经常用来作为计算某些项目的现行成本的手段，特别是当最近没有涉及这些项目的交易发生，没有价目表可查，或者价目表已不符合实际情况时。特定物价指数是根据某一种或一组特定商品或劳务的价格平均计算而成的，它反映某一特定种类或特定组合商品或劳务的价格变动。

在我国居民消费价格总指数中，分别有食品、衣着、家庭设备及用品、医疗保健、交通和通信工具、娱乐教育文化用品、居住和服务项目等种类的特定物价指数。

商品零售价格指数中，有食品类、饮料、烟酒类、服装鞋帽类，纺织品类、中西药品类、化妆品类、书报杂志类、燃料类、建筑装潢材料类、机电产品类等种类的特定物价指数。以上各种类中，再分有更小的类别。如食品中，分有粮食、油脂、肉禽蛋、水产品、鲜菜、干果、其他食品等特定物价指数。

由于在某一特定种类中的每一种商品的价格很少会与其他商品的价格成比例地同增同减，因此，特定物价指数只反映某一种或某一组特定商品或劳务的平均价格变动。

（三）平均指标

平均指标是说明同质总体内某一数量标志在一定历史条件下一般水平的综合指标，如人均国民生产总值、职工平均工资、商品平均价格、粮食单位面积产量等，反映了总体的一般水平。平均指标只能就同类现象进行计算，也就是计算平均指标的各单位必须具有同类性质。平均指标也是在宏观分析中广泛应用的一类指标，它们可用于同一现象在不同地区、不同部门或单位间的对比，以反映各地区、部门或单位的效益；还可用于同一现象在不同时间的对比，以反映现象发展的趋势和规律性。除此之外，平均指标还可用于分析现象间的依存关系和进行数量上的估计推算，如利用部分总体单位计算的平均指标来估算其全部总体的平均指标，或乘以总体单位数来推算总体的标志总量等。常用的平均指标有算术平均数、调和平均数、几何平均数、众数和中位数等，其中最为常用的是算术平均数与几何平均数。算术平均数是用总体各单位标志值总和除以总体单位个数后所得的结果，它的好处在于通俗易懂，而且还是其他许多指标及分析方法的基础性指标。几何平均数是将几个变量连乘后开几次方根计算所得平均数，常用于计算平均发展速度等。

1. 人均国内生产总值

人均国内生产总值，也称作“人均 GDP”，常作为发展经济学中衡量经济发展状况的指标，是重要的宏观经济指标之一，它是人们了解和把握一个国家或地区的宏观经济运行状况的有效工具。将一个国家核算期内（通常是一年）实现的国内生产总值与这个国家的常住人口（目前使用户籍人口）相比进行计算，得到人均国内生产总值。是衡量各国人民生活水平的一个标准，为了更加客观地衡量，经常与购买力平价结合。

$$人均国内生产总值=总产出/总人口$$

2. 城镇居民人均可支配收入

城镇居民人均可支配收入是指反映居民家庭全部现金收入能用于安排家庭日常生活的那部分收入。它家庭总收入是扣除交纳的所得税、个人交纳的社会保障费以及调查户的记账补贴后的收入。

$$人均可支配收入=（家庭总收入-交纳的所得税-个人交纳的社会保障支出-记账补贴）/家庭人口$$

国家统计局发布的数据显示，2020 全年全国居民人均可支配收入 32 189 元，比上年名义增长 4.7%，扣除价格因素实际增长 2.1%，与经济增长基本同步。按常住地分，城镇居民人均可支配收入 43 834 元，比上年名义增长 3.5%，扣除价格因素实际增长 1.2%。

3. 平均指标指数

平均指标指数是同一经济现象两个不同时期条件下数量的平均指标值对比计算的相对数。它说明两个时期总平均水平变动的方向和程度。不是两个总量指标对比，而是两个总量指标的平均值对比。它适应于某些情况下，不便用总量指标对比计算的经济现象的对比分析。一般有可变构成指数、固定构成指数、结构影响指数。编制时，应先以平均指标的计算公式为依据。其中分子表示报告期某一经济量的平均指标；分母表示基期同一经济量的平均指标。由于总平均水平的变动受各组水平的变动和各组结构比重的变动的影响，因此平均指标可以分解为平均水平和比重两个因素。据此可以依据指数体系采用平均指标两因素分析法，分析这两个因素对平均指标变动的影响方向和程度。

二、宏观经济基本面指标和宏观经济政策面指标

按照宏观经济指标的分析框架来看宏观经济指标体系，其又由宏观经济基本面指标和宏观经济政策面指标组成。基本面指标包括了经济增长、物价水平、就业和国际收支方面的具体指标；政策面指标包含了货币政策、财政政策、产业政策和监督政策方面的指标。前文已对基本面的宏观经济指标做了介绍，这里着重介绍宏观经济政策面的指标体系。

（一）货币政策

1. 货币供应量

货币供应量是指在某个时点的经济生活中可用于各种交易的货币总量，我国按照货币流动性不同，把货币供应量分为五个层次：M0、M1、M2、M3、M4；M 是 money 首字母，后面跟着的数字代表不同流动性，数字越大流动性越差。M0、M1、M2 是反映货币供应量的三个重要指标。我国对货币层次的划分如下：

（1） M0

M0 包括平时衣食住行花出去的以及商家们收到的流通中的现金，就是可以随时交易的资金总量；它指的是纸币和硬币，不包括信用卡，也不包括平时在商家扫码支付的货币；每个人都可以控制 M0 的增减，去银行取钱，就是增加 M0，去银行存钱就是减少 M0，M0 与消费密切相关，其数值高代表居民手头宽裕、富足。

（2） M1

M1 称为狭义货币，为流通中现金与活期存款之和，反映经济生活中的当前现实的购买力。代表着居民和企业资金松紧变化，是经济周期波动的先行指标。流动性仅次于 M0。这里需要明确一点，个人的活期存款不算 M1，只有企业单位的活期存款才算，因为对于个人而言，银行卡的活期存款，往往储蓄的意愿较高，用于消费意愿较低，而企业的活期存款基本上是生产周转使用，所以将个人的活期存款与企业的区别对待归入 M2（广义货币）。

M1＝M0+企业活期存款+机关团体部队存款+农村存款+个人持有的信用卡类存款

（3）M2

M2 称为广义货币，反映经济中的潜在购买力，也就是一定时间内，可以转化成现金的货币。同时反映现实购买力、潜在购买力；其流动性偏弱，能反映社会总需求的变化和未来通货膨胀的压力状况。

M2＝M1+城乡居民储蓄存款+企业存款中具有定期性质的存款+外币存款+信托类存款

这里的城乡居民储蓄存款包括活期和定期两种。

一般而言，可以通过 M1 和 M2 增长率的变化来揭示宏观经济的运行状况：若 M1 增速较快，则消费和终端市场活跃；若 M2 增速较快，则投资和中间市场活跃；若 M1 过高、M2 过低，表明需求强劲、投资不足，存在通货膨胀风险；若 M2 过高、M1 过低，表明投资过热、需求不旺，存在资产泡沫风险。

2. 上海银行间同业拆放利率

上海银行间同业拆放利率（Shanghai Interbank Offered Rate，SHIBOR），采用报价制度，以拆借利率为基础，即参与银行每天对各个期限的拆借品种进行报价，对报价进行加权平均处理后，公布各个期限的平均拆借利率即为 SHIBOR 利率。从 2007 年 1 月 4 日开始正式运行，是由信用等级较高的银行自主报出的人民币同业拆出利率计算确定的算术平均利率，是单利、无担保、批发性利率。对社会公布的 Shibor 品种包括隔夜、1 周、2 周、1 个月、3 个月、6 个月、9 个月及 1 年。

Shibor 报价银行团现由 18 家商业银行组成。报价银行是公开市场一级交易商或外汇市场做市商，在中国货币市场上人民币交易相对活跃、信息披露比较充分的银行。中国人民银行成立 Shibor 工作小组，依据《上海银行间同业拆放利率（Shibor）实施准则》确定和调整报价银行团成员、监督和管理 Shibor 运行、规范报价行与指定发布人行为。它确实是金融行业中最重要的利率。

金融市场正在形成以 Shibor 为基准的定价群，各种利率之间的比价关系日趋合理、清晰。

从组成成分上分析，市场利率都可以拆分为无风险利率+风险溢价。市场上的交易员首先要搞清楚市场的基本无风险利率是什么，再根据贷方的风险高低加一个溢价，就能够知道当前这笔交易大概应该适用什么样的利率。而了解无风险利率最简便快捷的方式，就是看当前的同业拆借利率。在普通的拆借交易中，大银行基本上不会有违约的风险，而且同业拆借市场资金量大，流动性好，随时都能够有交易，不会出现有价无市的情况。所以（除开国债之外），同业拆借大概是最接近无风险的交易，而拆借的利率也就是最方便的模拟无风险利率的一个指标。有了这个指标，很多金融产品才能够定价，顺利地完成交易。

经过十几年的运作，Shibor 与货币市场发展已经形成了良性互动的格局。Shibor 在市场化产品定价中得到广泛运用。一是 Shibor 对债券产品定价的指导性持续增强。二是以 Shibor 为基准的金融创新产品成交活跃。三是票据转贴现、回购业务初步建立了以 Shibor 为基准的市场化定价机制。四是报价行的内部资金转移价格已经不同程度地与 Shibor 结合。

3. 汇率

汇率又称外汇利率，外汇汇率或外汇行市，是两种货币之间兑换的比率，亦可视为一个国家的货币对另一国家的货币的价值。汇率又是各个国家为了达到其政治目的的金融手段。汇率会因为利率、通货膨胀、国家的政治和经济等原因而变动。而汇率是由外汇市场决定。外汇市场开放予不同类型的买家和卖家以作广泛及连续的货币交易。

一国汇率的升降，对进出口贸易和经济结构、生产布局等会产生影响。汇率是国际贸易中最重要的调节杠杆，汇率下降，能起到促进出口、抑制进口的作用。

确定两种不同货币之间的比价，先要确定用哪个国家的货币作为标准。由于确定的标准不同，于是便产生了几种不同的外汇汇率标价方法。

（1）直接标价法

直接标价法，又叫应付标价法，是以一定单位（1、100、1 000、10 000）的外国货币为标准来计算应付出多少单位本国货币。就相当于计算购买一定单位外币应付多少本币，所以就叫应付标价法。在国际外汇市场上，包括中国在内的世界上绝大多数国家目前都采用直接标价法。如日元兑美元汇率为 119. 05，即 1 美元兑 119. 05 日元。

在直接标价法下，若一定单位的外币折合的本币数额多于前期，则说明外币币值上升或本币币值下跌，叫作外汇汇率上升；如果要用比原来较少的本币即能兑换同一数额的外币，这说明外币币值下跌或本币币值上升，叫作外汇汇率下跌，即外币的价值与汇率的涨跌成正比。直接标价法与商品的买卖常识相似，例如美元的直接标价法就是把美元外汇作为买卖的商品，以美元为 1 单位，且单位是不变的，而作为货币一方的人民币，是变化的。一般商品的买卖也是这样，500 元买进一件衣服，550 元把它卖出去，赚了 50 元，商品没变，而货币却增加了。

（2）间接标价法

间接标价法又称应收标价法。它是以一定单位（如 1 个单位）的本国货币为标准，来计算应收若干单位的外汇货币。在国际外汇市场上，欧元、英镑、澳元等均为间接标价法。如欧元兑美元汇率为 0. 970 5 即 1 欧元兑 0. 970 5 美元。在间接标价法中，本国货币的数额保持不变，外国货币的数额随着本国货币币值的变化而变化。如果一定数额的本币能兑换的外币数额比前期少，这表明外币币值上升，本币币值下降，即外汇汇率上升；反之，如果一定数额的本币能兑换的外币数额比前期多，则说明外币币值下降、本币币值上升，即外汇汇率下跌，即外汇的价值和汇率的升跌成反比。因此，间接标价法与直接标价法相反。

直接标价法和间接标价法所表示的汇率涨跌的含义相同，即外币贬值、本币升值、汇率下降、外币升值、本币贬值、汇率上升，不同之处在于标价方法不同，所以在引用某种货币的汇率和说明其汇率高低涨跌时，必须明确采用哪种标价方法，以免混淆。

（3）美元标价法

美元标价法又称纽约标价法，是指在纽约国际金融市场上，除对英镑用直接标价法外，对其他外国货币用间接标价法的标价方法。美元标价法由美国在 1978 年 9 月 1 日制定并执行，曾是国际金融市场上通行的标价法。

例如，一件价值 100 元的商品，如果人民币对美元的汇率为 0. 150 2（间接标价法），则这件商品在美国的价格就是 15. 02 美元。如果人民币对美元汇率降到 0. 142 9，也就是说美元升值，人民币贬值，用更少的美元可买此商品，这件商品在美国的价格就是 14. 29 美元。所以该商品在美国市场上的价格会变低。商品的价格降低，竞争力变高，便宜好卖。反之，如果人民币对美元汇率升到 0. 166 7，也就是说美元贬值，人民币升值后这件商品在美国市场上的价格就是 16. 67 美元，此商品的美元价格变贵，买的就少了。

4. 存款准备金

存款准备金，是指金融机构为保证客户提取存款和资金清算需要而准备的在中央银行的存款，中央银行要求的存款准备金占其存款总额的比例就是存款准备金率（deposit-reservation）。存款准备金的比例通常是由中央银行决定的，被称为存款准备金率。存款准备金通常分为法定存款准备金和超额存款准备金，其中法定存款准备金是按央行规定的比例存放，超额存款准备金是金融机构除法定存款准备金以外在央行任意比例存放的资金。存款准备金已成为中央银行货币政策的重要工具，是传统的三大货币政策工具之一。

存款准备金最初源于保证商业银行对客户提款进行支付，之后逐渐具备清算资金的功能，后来发展成为货币政策工具。在部分国家，如英国、加拿大，出现存款准备金率为零、存款准备金制度弱化的现象；但是在其他国家，如美国、日本、欧元区国家和众多发展中国家，存款准备金制度仍然是一项基本的货币政策制度，在货币信贷数量控制、货币市场流动性和利率调节，以及促进金融机构稳健经营、限制货币替代和资本流出入等方面发挥着重要作用，存款准备金已由货币政策调控工具转变为调控基础。

存款准备金作为一种货币政策工具存在局限性：一是准备金率调整对金融机构经营震动较大，准备金率变化需要银行重新调整资产组合，但是金融机构在短时间内难以完成，如果市场发育不完善，超额准备金在金融机构间分配不平衡时，这种震动会更大；二是较高的准备金率会降低金融机构通过市场渠道运用资金的比例，并且，如果存款准备金调整频繁，银行会倾向保持较高超额准备金，进一步降低可用资金比例；三是由于多数国家对准备金存款不付息，准备金作为一种税收，容易引发金融机构及市场融资同行逃避金融监管的现象，甚至形成脱媒①。

中国的存款准备金制度是在 1984 年建立起来的，至今存款准备金率经历了五十一次调整。最低的一次是 1999 年 11 月存款准备金率由 8%下调到 6%；最高一次为由 2011 年 4 月的 20. 5%上调至 2011 年 6 月的 21. 5%。为进一步支持实体经济发展，优化商业银行和金融市场的流动性结构，降低融资成本，引导金融机构继续加大对小微企业、民营企业及创新型企业支持力度，最近一次是中国人民银行决定，从 2018 年 10 月 15 日起，下调大型商业银行、股份制商业银行、城市商业银行、非县域农村商业银行、外资银行人民币存款准备金率 1 个百分点，当日到期的中期借贷便利（MLF）不再续做。本次降准的主要目的是优化流动性结构，增强金融服务实体经济能力。当前，随着信贷投放的增加，金融机构中长期流动性需求也在增长。此时适当降低法定存款准备金率，置换一部分央行借贷资金，能够进一步增加银行体系资金的稳定性，优化商业银行和金融市场的流动性结构，降低银行资金成本，进而降低企业融资成本。同时，释放约 7 500 亿元增量资金，可以增加金融机构支持小微企业、民营企业和创新型企业的

---

① 脱媒（disintermediation）又称“金融非中介化”，一般是指在进行交易时跳过所有中间人而直接在供需双方间进行。

资金来源，促进提高经济创新活力和韧性，增强内生经济增长动力，推动实体经济健康发展。

5. 资本流动

资本流动是资本从货币形式向商品形式转变，然后从商品形式向货币形式转变的运动过程。资本流动是资本流通的一个组成部分。像劳动力、原材料、机械和设备一样，资金也是一个生产要素。资本流动的本质就是这些生产要素的流动。

单一的生产要素不会创造价值。比如饼干厂需要原材料、工人、工厂、设备和资金来生产饼干。只有结合这些资源，我们才能为人们创造有价值的饼干。运输和市场使这些生产要素更容易结合起来。玉米，原本在山区，可以通过铁路和公路运出山区；最初在山里的劳动者可以通过铁路和公路走出大山。这些生产要素四处流动，在合适的地方被重新组合，创造价值。资本流动包括三个阶段：①购买阶段，在此阶段，货币转化为生产资料和劳动力；②生产阶段，生产资料和劳动的结合产生新的使用价值，创造剩余价值；③销售阶段，生产出来的商品通过销售转化为货币，实现价值和剩余价值。

资本流动有两个规律，一是追求自由，二是追求高收益。货币宽松有两个方向，一个是增加货币投放量；一个是降息。如果 M2 代表货币投放量，GDP 代表我们创造的财富，CPI 代表物价水平。M2>GDP+CPI 就是量化宽松。M2<GDP+CPI 就是去杠杆。大家手里都缺钱，逼着所有人降低负债。M2 = GDP + CPI 就叫“稳杠杆”。M2>GDP + CPI，这个 M2 增发的货币除了被 GDP 增量以及物价上涨所吸纳，多余的钱去哪里了？去货币蓄水池，就是房市与股市。

GDP 增长的财富是确定的，也就是吸纳的货币是稳定值，多余的货币如果流到 CPI 中，就会导致物价飞涨，为此就需要货币蓄水池。为什么要超发货币，让 M2 = GDP+CPI 不好吗？因为任何经济体不同行业的回报率是不同的，如果让 M2 = GDP + CPI——管理层的想法是每增长 1 元的 GDP 匹配 1 元的货币，然而，理想很丰满，现实很骨感——资金没有这么听话，资金一定会向回报率更高的领域汇集，最后导致一些回报高的行业钱多得花不完，从而制造行业出现泡沫，一些回报率低的行业钱不够花，导致行业萎缩。国家要调整经济结构，转变增长方式，让增长的质量更高，就是要淘汰落后产能！只不过过去淘汰落后产能是用行政手段，现在是市场手段——让资金去做出选择。这就是“让市场在资源配置中起到关键作用”的含义。

6. 社会融资规模

社会融资规模是全面反映金融与经济关系，以及金融对实体经济资金支持的总量指标。社会融资规模是指一定时期内(每月、每季或每年)实体经济从金融体系获得的全部资金总额，是增量概念，这里的金融体系为整体金融的概念，从机构看，包括银行、证券、保险等金融机构；从市场看，包括信贷市场、债券市场、股票市场、保险市场以及中间业务市场等。具体看，社会融资规模主要包括人民币贷款、外币贷款、委托贷款、信托贷款、未贴现的银行承兑汇票、企业债券、非金融企业境内股票融资、保险公司赔偿、投资性房地产和其他金融工具融资十项指标。随着我国金融市场发展和金融创新深化，实体经济还会增加新的融资渠道，如私募股权基金、对冲基金等。未来条件成熟，可会将其计入社会融资规模。

社会融资规模是一个较新的概念，2010 年底中央经济工作会议首次提出“保持合理的社会融资规模”，国务院总理温家宝日前在部署今年一季度工作时也强调“保持合理的社会融资规模和节奏”。2011 年初以来，“社会融资”一词频频出现在与金融调控有关的叙述中。2016 年中国社会融资 12.8%。2020 年末社会融资规模存量为 284.83 万亿元，同比增长 13.3%。

（二）财政政策

1. 财政收入

财政收入（government revenue），是指政府为履行其职能、实施公共政策和提供公共物品与服务需要而筹集的一切资金的总和。财政收入表现为政府部门在一定时期内（一般为一个财政年度）所取得的货币收入。财政收入是衡量一国政府财力的重要指标，政府在社会经济活动中提供公共物品和服务的范围和数量，在很大程度上取决于财政收入的充裕状况。

国家为了维持自身的存在和发挥职能，必须消耗一定的社会产品。但是，国家本身通常不直接从事生产活动，因而必须凭借自身拥有的政治权力，强制性地征收一部分社会产品，以满足各方面支出的需要。这种国家的收入和支出就是财政，它是国家凭借政治权力而进行的社会产品的分配。从这一概念的内容可以看出，财政是一种分配关系，是一种以国家为主体、在社会范围内集中性的分配关系。这就是财政的本质。

依据不同的标准，可以对财政收入进行不同的分类。国际上对财政收入的分类，通常按政府取得财政收入的形式进行分类。这种分类方法下，将财政收入分为税收收入、国有资产收益、国债收入和收费收入以及其他收入等。

（1）税收收入

税收是政府为实现其职能的需要，凭借其政治权力并按照特定的标准，强制、无偿地取得财政收入的一种形式，它是现代国家财政收入最重要的收入形式和最主要的收入来源。我国税收收入按照征税对象可以分为五类税，即流转税、所得税、财产税、资源税和行为税。其中流转税是以商品交换和提供劳务的流转额为征税对象的税收，流转税是我国税收收入的主体税种，占税收收入的 60%以上，主要的流转税税种有增值税、消费税、关税等。所得税是指以纳税人的所得额为征税对象的税收，国家已经开征的所得税有个人所得税和企业所得税。财产税是指以各种财产（动产和不动产）为征税对象的税收，国家开征的财产税有土地增值税、房产税、城市房地产税和契税。资源税是指对开发和利用国家资源而取得级差收入的单位和个人征收的税收，我国的资源税类包括资源税和城市土地使用税等。行为税是指对某些特定的经济行为开征的税收，其目的是贯彻国家政策的需要，我国的行为税类包括印花税和城市维护建设税等。

（2）国有资产收益

国有资产收益是指国家凭借国有资产所有权获得的利润、租金、股息，红利、资金使用费等收入的总称。

（3）国债收入

国债收入是指国家通过信用方式取得的有偿性收入。国债收入具有自愿性、有偿性和灵活性的特点。

（4）收费收入

收费收入是指国家政府机关或事业单位在提供公共服务、实施行政管理或提供特定公共设施的使用时，向受益人收取一定费用的收入形式。具体可以分为使用费和规费两种。使用费是政府对公共设施的使用者按一定标准收取费用，如对使用政府建设的高速公路、桥梁、隧道的车辆收取的使用费；规费是政府对公民个人提供特定服务或是特定行政管理所收取的费用，包括行政收费（如护照费、商品检测费、毕业证费）和司法规费（如民事诉讼费、出生登记费、结婚登记费）。收费收入具有有偿性和不确定性的特点，不宜作为政府财政收入的主要形式。

（5）其他收入

其他收入包括基本建设贷款归还收入、基本建设收入和捐赠收入等。

在实践中，政府收支分类改革后，“收入分类”全面反映了政府收入的来源和性质，不仅包括预算内收入，还包括预算外收入、社会保险基金收入等应属于政府收入范畴的各项收入。

2. 财政支出

财政支出，也称公共支出或政府支出，是政府为履行其自身的职能，对其从私人部门集中起来的以货币形式表示的社会资源的支配和使用。在此有必要区分“财政支出”与“财政开支”两个概念。在财政预算意义上，财政支出是指政府可以支配的货币额，而与此相关的财政开支则是指政府在一定时期内实际花费掉的货币总额。当财政收入大于财政支出时，则政府财政预算上会出现财政盈余；反之就会出现财政赤字。财政支出是政府分配活动的一个重要方面，财政对社会经济的影响作用主要是通过财政支出来实现的。因此财政支出的规模和结构，往往反映一国政府为实现其职能所进行的活动范围和政策选择的倾向性，所以可以从以上两大方面来理解政府为市场提供公共产品而安排支出的意义。

将财政按支出的内容进行合理的归纳，以便准确反映和科学分析支出活动的性质、结构、规模以及支出的效益和产生的时间。分类方法有下列五种：

（1）按经济性质将财政支出分为生产性支出和非生产性支出。

①生产性支出指与社会物质生产直接相关的支出，如支持农村生产支出、农业部门基金支出、企业挖潜改造支出等。

②非生产性支出指与社会物质生产无直接关系的支出，如国防支出、武装警察部队支出、文教卫生事业支出、抚恤和社会福利救济支出等。

（2）按是否能直接得到等价的补偿分为购买性支出和转移性支出。

①购买性支出又称消耗性支出，是指政府购买商品和劳务，包括购买进行日常政务活动所需要的或者进行政府投资所需要的各种物品和劳务的支出，即由社会消费性支出和财政投资支出组成。它是政府的市场性再分配活动，对社会生产和就业的直接影响较大，执行资源配置的能力较强。在市场上遵循定价交换的原则，因此购买性支出体现的财政活动对政府能形成较强的效益约束，对与购买性支出发生关系的微观经济主体的预算约束是硬性的。

②转移性支出是指政府按照一定方式，将一部分财政资金无偿用地、单方面转移给居民和其他受益者，主要由社会保障支出和财政补贴组成。它是政府的非市场性再分配活动，对收入分配的直接影响较大，执行收入分配的职能较强。

（2）按最终用途分为补偿性支出、积累性支出与消费性支出。

①补偿性支出主要是对在生产过程中固定资产的耗费部分进行弥补的支出，如：挖潜改造资金；

②积累性支出指最终用于社会扩大再生产和增加社会储备的支出，如基本建设支出、工业交通部门基金支出等，这部分支出是社会扩大再生产的保证；

③消费性支出指用于社会福利救济费等，这部分支出对提高整个社会的物质文化生活水平起着重大的作用。从动态的再生产角度考察，则可分为投资性支出和消费性支出。

（4）按财政支出与国家职能关系可将财政支出分为经济建设费支出、社会文教费支出、行政管理费支出和其他支出。

①经济建设费支出，包括基本建设支出、流动资金支出、地质勘探支出、国家物资储备支出、工业交通部门基金支出、商贸部门基金支出等；

②社会文教费支出，包括科学事业费和卫生事业费支出等；

③行政管理费支出，包括公检法支出、武警部队支出等；

④其他支出，包括国防支出、债务支出、政策性补贴支出等。

（5）按国家预算收支科目分为一般预算支出、基金预算支出、专用基金支出、资金调拨支出和财政周转金支出。财政总预算会计对财政支出的核算按国家预算支出科目分类。

（6）按财政支出产生效益的时间分为经常性支出和资本性支出。

①经常性支出是维持公共部门正常运转或保障人们基本生活所必需的支出，主要包括人员经费、公用经费和社会保障支出。其特点是它的消耗会使社会直接受益或当期受益，直接构成了当期公共物品的成本，按照公平原则中当期公共物品受益与当期公共物品成本相对应的原则，经常性支出的弥补方式是税收。

②资本性支出是用于购买或生产使用年限在一年以上的耐久品所需的支出，它们的耗费的结果将形成供一年以上的长期使用的固定资产。它的补偿方式有两种：一是税收，二是国债。

3. 财政赤字

财政赤字是指财政支出超过财政收入。财政赤字的大小对于判断财政政策的方向和力度是至关重要的。财政政策是重要的宏观经济政策之一，而财政赤字则是衡量财政政策状况的重要指标。因此，正确衡量财政赤字对于制定财政政策具有十分重要的意义。非常遗憾的是，对于如何正确衡量财政赤字，经济学家并没有达成共识。一些经济学家认为，通常意义上的财政赤字并不是财政政策状况的一个好指标。这就是说，他们认为按照公认的方法衡量的财政赤字既不能准确地衡量财政政策对经济的影响，又不能准确地衡量给后代纳税人造成的负担。

衡量财政赤字的指标是财政赤字率。财政赤字率是指财政支出超过财政收入的部分的所占比例，意味着“花”的钱超过了“挣”的钱。根据《中华人民共和国预算法》明确规定，地方财政上不设立赤字，故此通常所称的财政赤字，即是中央财政赤字。2020 年 5 月 22 日，国务院总理李克强在发布的 2020 年国务院政府工作报告中提出，今年赤字率拟按 3.6%以上安排。

4. 国债

国债（national debt；government loan），又称国家公债，是国家以其信用为基础，按照发债的一般原则，通过向社会筹集资金所形成的债权债务关系。国债是由国家发行的债券，是中央政府为筹集财政资金而发行的一种政府债券，是中央政府向投资者出具的、承诺在一定时期支付利息和到期偿还本金的债权债务凭证，由于国债的发行主体是国家，所以它具有最高的信用度，被公认为是最安全的投资工具。我国的国债专指财政部代表中央政府发行的国家公债，由国家财政信誉作担保，信誉度非常高，历来有“金边债券”之称，稳健型投资者喜欢投资国债。其种类有凭证式国债、无记名（实物）国债、记账式国债三种。

（1）凭证式国债

凭证式国债主要面向个人投资者发行。其发售和兑付是通过各大银行的储蓄网点、邮政储蓄部门的网点以及财政部门的国债服务部办理。其网点遍布全国城乡，能够最大限度满足群众购买、兑取需要。投资者购买凭证式国债可在发行期间内持款到各网点填单交款，办理购买事宜。由发行点填制凭证式国债收款凭单，其内容包括购买日期、购买人姓名、购买券种、购买金额、身份证件号码等，填完后交购买者收妥。办理手续和银行定期存款办理手续类似。

凭证式国债以百元为起点整数发售，按面值购买。发行期过后，对于客户提前兑取的凭证式国债，可由指定的经办机构在控制指标内继续向社会发售。投资者在发行期后购买时，银行将重新填制凭证式国债收款凭单，投资者购买时仍按面值购买。购买日即为起息日。兑付时按实际持有天数、按相应档次利率计付利息（利息计算至到期时兑付期的最后一日）。

（2）无记名国债

无记名国债为实物国债，是一种票面上不记载债权人姓名或单位名称，以实物券面形式（券面上印有发行年度、券面金额等内容）记录债权而发行的国债，又称实物券。是我国发行历史最长的一种国债。

（3）记账式国债

记账式国债又名无纸化国债，是由财政部通过无纸化方式发行的、以电脑记账方式记录债权，并可以上市交易的债券。购买记账式国债可以到证券公司和试点商业银行柜台买卖。试点商业银行包括中国工商银行、中国农业银行、中国银行、中国建设银行、招商银行、北京银行和南京银行在全国已经开通国债柜台交易系统的分支机构。通过银行买柜台记账式国债，最好开通网上银行账户，直接在家的电脑上进入银行的网页，输入自己的账号和密码，在交易时间内就可以自由交易了。投资者购买记账式国债也可以在交易所开立证券账户或国债专用账户，并委托证券机构代理进行，投资者必须拥有证券交易所的证券账户，并在证券经营机构开立资金账户才能购买记账式国债。

两者的区别在于银行交易不收交易费用，证券公司的交易费用大约是交易金额的0.1%~0.3%（含佣金等）。银行柜台记账式国债没有交易佣金，但客户买入全价通常是低于卖出全价，如果短线买入再卖出可能会浮亏，因为柜台记账式国债是你和银行之间进行交易，投资者买的时候通常价格高一点，卖给银行的时候要稍微低一点，银行通常鼓励投资者长期持有。虽然没有交易费用，但当天买进卖出的话银行会赚取投资者的差价，相当于交易成本。

通过证券公司系统买卖记账式国债，跟买卖股票一样，通过委托系统下单，输入要购买的国债代码，再输入交易数量和价格就可以了，一般开户过后，证券公司和柜台银行会给操作手册。

5. 财政预算

财政预算是政府活动计划的一个反映，它体现了政府及其财政活动的范围、政府在特定时期所要实现的政策目标和政策手段。预算是对未来一定时期内收支安排的预测、计划。它作为一种管理工具，在日常生活乃至国家行政管理中被广泛采用。就财政而言，财政预算就是由政府编制、经立法机关审批、反映政府一个财政年度内的收支状况的计划。

财政预算由一般财政预算收入和财政预算支出组成。财政预算收入主要是指部门所属事业单位取得的财政拨款、行政单位预算外资金、事业收入、事业单位经营收入、其他收入等；财政预算支出是指部门及所属事业单位的行政经费、各项事业经费、社会保障支出、基本建设支出、挖潜改造支出、科技三项费用及其他支出。而基金预算收入是指部门按照政策规定取得的基金收入。基金预算支出是指部门按照政策规定从基金中开支的各项支出。

从形式上看，它是按照一定标准将政府财政收支计划分门别类地反映在一个收支对照表中；从内容上看，它是对政府年度财政收支的规模和结构所做的安排，表明政府在财政年度内计划从事的主要工作及其成本，政府又如何为这些成本筹集资金。与一般预算不同的是，财政预算具有法律效力作为财政预算基本内容的级次划分、收支内容、管理职权划分等等，都是以《中华人民共和国预算法》（以下简称《预算法》）的形式规定的；预算的编制、执行和决算的过程也是在《预算法》的规范下进行的。财政预算编制后要经国家立法机构审查批准后方能公布并组织实施；预算的执行过程受法律的严格制约，不经法定程序，任何人无权改变预算规定的各项收支指标，通过预算的法制化管理使政府的财政行为置于民众的监督之下。

财政预算是政府调节经济和社会发展的重要工具。在市场经济条件下，当市场难以保持自身均衡发展时，政府可以根据市场经济运行状况，选择适当的预算总量或结构政策，用预算手段去弥补市场缺陷，谋求经济的稳定增长。

三、指标数据资料收集

指标由指标名称和指标数值所构成，前者是指标的质的规定，反映了一定的社会经济范畴；后者则是指标的量的规定，它是根据指标的内容所计算出来的具体数值。因此，熟悉指标不仅要知道各项指标的名称、涵义及特点，还必须搜集相应的数据资料。

数据资料是宏观分析与预测，尤其是定量分析预测的基础，无论是对历史与现状的总结，还是对未来的预测，都必须以它为依据。所以，在确定分析对象及相应主要指标后，就要搜集与之有关的历史与现时的数据资料、事实、变革等各种有关的信息。有时资料可能因口径不一致而不可比，或是不反映变量变化规律的异常值，此时还需对数据资料进行处理。

（一）数据资料的来源

宏观经济分析所需的有效资料一般包括政府的重点经济政策与措施、一般生产统计资料、金融物价统计资料、贸易统计资料、每年国民收入统计与景气动向、突发性非经济因素等。这些资料来源主要有：①电视、广播、报纸、杂志等；②政府部门与经济管理部门，省、市、自治区公布的各种经济政策、计划、统计资料和经济报告，各种统计年鉴等。如《中国统计年鉴》《中国经济年鉴》《经济白皮书》等；③各主管公司、行业管理部门搜集和编制的统计资料；④部门与企业内部的原始记录；⑤各预测、情报和咨询机构公布的数据资料；⑥国家和省市领导人报告或讲话中的统计数字和信息等。

（二）对数据资料的质量要求

1. 准确性

数据资料必须准确可靠，虚假的数据资料将导致得出不真实的结论。

2. 系统性

数据资料要连续和系统，要有历史各期的统计数据资料。连续而系统的信息资料是分析比较、掌握经济运行规律的基础。支离破碎、零零散散的数据资料对于分析价值不大。

3. 时间性

数据资料要新，要有近期和最新的数据资料。某些数据资料的时效性很强，搜集或处理不及时就会失去利用价值。

4. 可比性

由于社会变革、经济变革、统计制度的变化、物价涨落以及行政区划、企业归属、市场供应范围的改变等原因，常使历史统计数据不可比较，直接使用这些数据将造成很大的误差。因此必须对不可比较数据调整口径或进行单位换算，使之具有可比性。

5. 适用性

许多数据资料虽然符合上述四项标准，但与分析目标无关，如果把它们收集进来，不仅浪费时间和精力，而且不利于提高分析的效率与精确度。

（三）数据的处理方法

进行宏观经济分析时，各项数据必须口径一致，否则就不能用于直接比较，因此必须对这些数据进行处理。另外，由于一些特殊原因，在收集到的数据中往往包含一些异常数据，如果直接把这些异常数据用于分析，就会影响分析的结果，得出不确切的结论，不能反映在正常情况下经济运行的规律，因而也需要进行处理加工。下面将介绍一些简单的处理方法。

1. 对不可比数据的处理方法

造成数据不可比主要有两种情况：一是由于国家政策法规造成数据统计口径不一致。例如，我国 1981 年开始利改税，因税法的变化造成税收额的历史统计数据不可比。对此可用利税额代替税收额进行分析，或者在样本数据够用时，只用利改税之后的数据资料。二是因价格因素造成的统计数据不可比。当用国民生产总值、国民收入、国内生产总值、工农业总产值、社会商品零售额等通过价格计算出的货币量数据进行分析时，都应按某年不变价格进行折算，剔除价格的影响，使数据之间具有可比性。具体做法是将按当年价格计算的经济指标值除以当年对基年的物价指数，就得到按基年不变价格计算的指标数值。

2. 对异常数据的处理方法

由于曾经发生过特殊历史事件，而使不少经济数据大起大落，成为不能反映变化规律的连续几年的异常值，在进行分析时应将这些异常值剔除。但是，有时由于数据较少，若剔除这些异常数据就会更少，也不利于正确分析，此时就需要采取一定的方法。最简单的就是利用平均值法，即将异常值前后相邻两期数据的算术平均值作为当期修正值。

第二章 宏观经济分析综合实践

■教学目标

1. 了解我国宏观经济发展概况。
2. 理解宏观经济分析实践内容。
3. 掌握宏观经济分析实践过程。

宏观经济运行与发展是一个抽象的过程，其变化与结果都不能为人们所直接接触到，而主要是通过一系列的经济指标反映出来。在传统的宏观经济分析过程中，主要是通过对比宏观经济的主要指标来分析当前宏观经济的发展形势以及实际的运行状况，从而为做出相应的经济政策调整提供数据基础。随着我国经济形势不断发生变化，宏观经济数据的规模也在不断扩大。我国相关的数据统计部门在日常的积累过程中积累下了庞大的宏观经济数据，而这些数据对于展开宏观经济分析具有十分重要的帮助。随着国民经济核算体系的逐步完善、经济理论研究的不断深入、数学方法的广泛应用，以及计算机技术和现代通信技术的快速发展，人们能够借助以上技术，建立宏观经济指标分析和预测系统，来收集、存储和处理宏观经济指标信息，以对大量经济指标数据进行分析、研究，为各级决策部门提供系统、准确、全面的经济信息，指导经济的健康运行。

第一节 我国宏观经济发展概述

1978 年 12 月召开的中国共产党十一届三中全会开创了中国改革开放和现代化建设新的历史进程。这个历史进程已经持续了四十多年。我国经济所实施的渐进式转型模式取得了巨大成功，人民生活水平、综合国力都得到了很大提升。伴随着经济体制改革不断深化和我国经济发展阶段性变化，宏观经济发展表现出不同的阶段性特征。在这个历史进程中，宏观经济发展的演进大体可分为四个重要阶段：第一个阶段，1978—1994 年，以探索建立社会主义市场经济体制为背景，以抑制经济过热和通货膨胀为主线。第二个阶段，1995—2003 年，以确立和完善社会主义市场经济体制为背景，以有效扩大内需和应对外部冲击为主线。第三个阶段，2004—2012 年，以完善社会主义市场经济体制和深化改革为背景，以继续有效扩大内需和应对外部冲击为主线。第四个阶段，2013—2021 年，以全面深化改革和经济新常态为背景，以适应引领经济发展新常态和推进供给侧结构性改革为主线。这四个阶段都有一些重要的历史事件，如第一阶段的治理三次经济过热，第三阶段的应对亚洲金融危机和国际金融危机，第四阶段的推进和深化供给侧结构性改革等。从中可以看出，伴随着过去 40 多年的艰辛探索，中国宏观经济在实践中发展和完善，宏观经济管理能力不断提高，并逐步形成了有中国特色的宏观经济管理体系。

一、1978 年以来我国宏观经济发展概况

（一）第一阶段：1978—1994 年

这个阶段宏观经济总量失衡的主要特征是需求膨胀、供给不足。在近 20 年的时间里，除了少数年份外，大多数年份都面临较为严重的通货膨胀。主要原因是，一方面，从经济体制看，传统计划经济体制效率低下，预算软约束严重，国民经济表现为较为严重的短缺经济（刘伟，2016）。另一方面，从经济发展看，发展水平十分落后，各方面都有强烈的加快发展愿望和投资冲动。这一时期，宏观经济失衡集中表现为经济过热和通货膨胀，先后在 1985 年（CPI 上涨 9. 3%以上）、1988 年（CPI 上涨 18%以上）和 1994 年（CPI 上涨 24%以上）发生了 3 次严重的通货膨胀，宏观政策主要采取从紧的财政和货币政策，以抑制经济过热和遏制通胀。

1. 20 世纪 80 年代中期：第一次经济过热

1982 年 9 月召开的党的十二大提出到 20 世纪末工农业生产总值“翻两番”的战略目标。1984 年 9 月党的十二届三中全会确立了社会主义商品经济的改革目标，进一步激发了各方面热情。一些地方开始为“翻两番”而大幅增加投资，经济过热的苗头随之显现，货币供应迅速增加。1984 年，银行信贷总额比上年增长 28. 8%，现金（M0）发行比上年增长 49. 5%。1985 年第一季度末现金（M0）、狭义货币（M1）和广义货币（M2）分别比上年同期增长 59%、39%和 44%。从 1985 年第二季度开始，物价迅速上扬，全年居民消费价格上涨 9. 3%。

这一轮经济过热，主要是一些地方为了提前实现生产总值“翻两番”，纷纷扩大投资规模造成的（余斌、魏加宁，2017）。按照原定部署，前 10 年是打基础，后 10 年实现腾飞，但一些地方竞相攀比，层层加码。与此同时，信贷和工资、奖金发放失控，造成投资和消费需求“双膨胀”。1985 年上半年开始，实行财政、信贷“双紧”政策，严格控制工资和奖金发放。1985 年 9 月，邓小平在中央一次会议讲话中指出：“速度过高，带来的问题不少，对改革和社会风气也有不利影响，还是稳妥一点好。一定要控制固定资产的投资规模，不要把基本建设的摊子铺大了”。到第四季度，经济过热态势才有所缓解。需要指出的是，从 1984 年末到 1985 年，经济学界对于经济是否过热、是否要采取紧缩政策有过激烈争论，而 1985 年 9 月召开的“宏观经济管理国际讨论会”（又称“巴山轮会议”）形成的意见，对坚定实施“双紧”政策发挥了重要作用（吴敬琏，2017）。

2. 20 世纪 80 年代后期：第二次经济过热

1986 年上半年，“双紧”政策使工业和经济增长出现下滑迹象，一些地方和企业纷纷要求放松信贷控制。经济学界对此也有争论。一些经济学家认为，这种现象只是抑制经济过热时出现的暂时现象，用不着惊慌失措，但也有一些经济学者以经济“滑坡”为由，主张放松信贷（吴敬琏，2017）。从 1986 年第二季度开始，中央银行大幅度增加货币信贷投放，加之 1984 年农业大丰收后部分地区出现“卖粮难”现象，对农业问题产生盲目乐观情绪，导致农业（主要是粮食）生产 3 年徘徊不前，而加工业快速发展又使能源、原材料供给不足的矛盾凸显出来，农产品和能源原料价格开始上涨，1987 年通货膨胀再次抬头。在这样的背景下，1988 年 5 月上旬中央又决定在此后 5 年中实现价格和工资改革“闯关”，通货膨胀预期迅速形成。1988 年下半年价格指数迅速攀升，全年居民消费价格指数上涨到 18.8%，城市普遍出现了商品抢购风潮，进一步使经济问题转化为社会问题。

为了控制爆发性的通货膨胀，1988 年 9 月中央工作会议决定实行“强行着陆”的宏观调控。1988 年第三季度开始急剧压缩固定资产投资规模，停止审批基本建设项目；清理整顿公司，控制社会集团购买力；强化物价管理，对重要生产资料实行最高限价；严格控制贷款规模，提高存款准备金并调整利率。随后，1989—1991 年进行了为期 3 年的“治理整顿”，紧缩财政金融、压缩固定资产投资规模，抑制需求过快增长。一系列强硬的紧缩措施虽然使通货膨胀率迅速回落，但也付出了沉重的代价。1989 年第三季度，货币供应量指标下降到谷底，M1 和 M2 年增长率下降到-1%和 13%，市场需求疲软、工业生产下滑、企业开工不足，就业压力增大，财政状况恶化，出现了较为严重的经济低迷状况。

3. 20 世纪 90 年代初期：第三次经济过热

1991 年底中国经济开始走出低谷。1992 年初，邓小平发表“南方谈话”，明确提出社会主义也能搞市场经济，再一次解放了人们的思想。1992 年党的十四大确立了建立社会主义市场经济体制的改革目标，全国掀起新一轮改革和发展浪潮。1992 年国内生产总值增速由上年的 9.1%提高到 14.2%，全社会固定资产投资由 23.8%提高到 44.4%，工业增加值由 14.4%提高到 21.2%。1993 年上半年，投资和消费需求迅速扩大，全社会固定资产投资增长 61%，其中国有单位增长 70.7%，社会消费品零售总额增长 21.6%。投资和消费“双膨胀”的直接后果是，货币超发，通货膨胀压力明显加大，1992 年 M1 和 M2 分别增长 35.7%和 31.3%，生产资料价格同比上涨 40%以上，35 个大中城市居民生活费用价格指数上升 17.4%。

为了制止经济状况的进一步恶化，保持经济发展的好势头，1993 年 6 月下旬，中共中央和国务院印发了《关于当前经济情况和加强宏观调控的意见》（1993 年“中央 6 号文件”），宣布采取 16 项措施来稳定经济，包括：

（1）严格控制货币发行，稳定金融形势；

（2）坚决纠正违章拆借资金；

（3）灵活运用利率杠杆，大力增加储蓄存款；

（4）坚决制止各种乱集资；

（5）严格控制信贷总规模；

（6）专业银行要保证对储蓄存款的支付；

（7）加快金融改革步伐，强化中央银行的金融宏观调控能力；
（8）投资体制改革要与金融体制改革相结合；
（9）限期完成国库券发行任务；
（10）进一步完善有价证券发行和规范市场管理；
（11）改进外汇管理办法，稳定外汇市场价格；
（12）加强房地产市场的宏观管理，促进房地产业的健康发展；
（13）强化税收征管，堵住减免税漏洞；
（14）对在建项目进行审核排队，严格控制新开工项目；
（15）积极稳妥地推进物价改革，抑制物价总水平过快上涨；
（16）严格控制社会集团购买力的过快增长，加强集团购买力的控购管理工作。

这一系列加强和改善宏观调控政策的实施，扭转了经济运行中突出矛盾进一步恶化的趋势，稳定了经济局势。

从 1993 年开始中国经济出现过热现象，作为推动我国经济增长主要因素的固定资产投资高速增长，1992—1993 年增速分别为 42.6%和 58.6%，大大超过以往的增长速度。投资需求带动了消费需求，当时我国正处于从计划经济向市场经济转轨的过程中，投资需求与消费需求的双膨胀加剧了商品供给的短缺状况，造成 1993—1994 年全国商品零售价格指数分别上升了 13.2%和 21.7%，产生了较为严重的通货膨胀。经济增长过快带来的经济过热与严重的通货膨胀，成为社会经济稳定的巨大隐患。

1993 年 11 月党的十四届三中全会通过的《中共中央关于建立社会主义市场经济体制若干问题的决定》，明确了社会主义市场经济体制的基本框架，随后相继推行了财税、金融、投资、外贸等领域的改革，以社会主义市场经济为基础的新的宏观调控框架初步建立，利率、税率、汇率等经济杠杆的调控作用逐步增强，长期制约经济增长的供给数量“瓶颈”逐步消除，从而总体上结束了“短缺”时代，国内市场由卖方市场向买方市场转换。

到 1996 年，中国经济成功实现了“软着陆”（华而诚，1997），国内生产总值增长 9.7%，通货膨胀得到控制，居民消费价格指数从 1995 年的 17.1%回落到 1996 年的 8.3%，到 1997 年进一步回落至 2.8%，外汇市场汇率稳定在 1∶8.7，年末国家外汇储备达到 1 050 亿美元，并实现了人民币经常项目可兑换。这次宏观调控的成功实践，对中国在 1997 年亚洲金融危机爆发后，有效减缓亚洲金融危机的冲击，实现人民币不贬值，起到了重要作用。

（二）第二阶段：1995—2003 年

1. 20 世纪 90 年代中后期：1995—1997 年

亚洲金融危机对中国经济的冲击，与危机前外部需求对中国经济增长的拉动是分不开的。1994 年外汇体制改革和人民币贬值后，中国出口贸易快速增长，贸易平衡逐步转变为每年高达数十亿甚至数百亿美元的顺差。巨大的外部需求弥补了国内需求不足，使中国经济在 1993 年下半年采取紧缩政策后的几年，仍保持年均 10%左右的增速。

其实在新中国成立以来，中国多次出现经济过热现象，为了给经济过热降温，受当时宏观调控经验不足的局限，国家相关部门往往采取“紧缩到底”的政策手段，使经济由过热一下子陷入过冷。这种热与冷的转换，好像是快速行驶中的急刹车，经济过热是消除了，但又面临着如何启动经济的问题。热与冷的骤然交替，造成剧烈的经济波动，对国民经济运行产生了十分不利的影响。决策部门认识到，必须改变过去那种"一松就热、一紧就冷"的传统做法，做到既要为经济过热降温，也要保证国民经济的正常发展速度，防止经济运行中的大起大落现象再次发生。于是，正是基于这样一种思路，中央适时提出了"适度从紧"的财政政策，对过热的经济实施恰如其分的宏观调控，实现"高增长、低通胀"的新的经济发展态势。

1995—1997 年，实行的是"双紧"配合，财政政策方面结合分税制改革，强化了增值税、消费税的调控作用，合理压缩财政支出，并通过发行国债，引导社会资金流向。货币政策方面，严格控制信贷规模，大幅提高存贷款利率，要求银行定期收回乱拆借的资金，使宏观经济在快车道上稳刹车，并最终顺利实现了软着陆。

2. 1998—2003 年

1997 年下半年东南亚金融危机使中国的外贸出口受到很大的影响，而这些年来我国经济的增长有相当大的比重来自外贸出口，进而也严重影响了中国的国民经济。在这种情况下，就要把宏观政策的定位转为扩大内需方面。1998 年国内遭遇百年不遇的特大洪涝灾害，使本应再次回升的经济出现了新变化，经济存在振荡衰退、大幅下滑的危险。且上次调整的力度过大，虽然通货膨胀得到治理，实现了"软着陆"，但宏观调控的惯性下滑，加之外部的冲击，使我国经济增长的速度大幅度降低。

自 1998 年下半年后的一个时期，为应对亚洲金融危机的冲击，采取了积极的财政政策和稳健的货币政策，扩大内需，以拉动国民经济的增长。从 1998 年起，为缓解通货紧缩，保证经济增长，中国实行近六年的积极财政政策以刺激投资、拉动内需；而稳健的货币政策着力于防范金融风险，并与财政政策相配合。这样的政策组合在通货紧缩、经济景气度较低的情况下，保证了我国经济增长速度保持在较高的水平。

针对有效需求不足、通货紧缩等问题，政府实施了以扩大内需确保经济增长目标实现为目的的"双松"政策。在货币政策方面采取了取消贷款限额控制，降低法定存款准备率，连续 5 次下调存贷款利率，逐步扩大公开市场业务，改革存款准备金制度，扩大对中小企业贷款利率的浮动幅度等一系列措施；在财政政策方面，大力发行国债；大规模地增加基础设施建设；扩大政府采购规模和投资力度；大幅度提高职工的工资，开征储蓄存款利息所得税；扩大转移支付；实施财政赤字政策。

（三）第三阶段：2004—2012 年

1. 2003 下半年—2005 年宏观经济及政策调控

本次宏观调控的起因是随着 21 世纪的到来与第十个五年计划的实施，各方面都希望加快工业化、城市化、现代化的发展步伐。加上成功地加入了 WTO，经济对外开放的广度和深度进一步扩大，各地方、各部门发展经济的热情迅速高涨，经济形势很快又出现了过热现象。2004 年初，承接上一年发展的良好势头，经济继续保持快速增长。但同时信贷规模增长偏快，消费价格指数高位运行，通货膨胀压力逐渐加大。其主要表现为：央行每月发布的企业商品价格指数（CGPI）在 2004 年的头四个月比同比上涨了 6.3%、7%、8.3%和 9.3%；油、电、煤、运全面紧张和基础原材料价格也大幅上涨。狂飙的价格超出了人们的想象，也反映了上游行业的热度。

这主要是由投资膨胀造成的。各级领导班子换届，开始了新一轮"政绩工程"的基建投资热潮。如果任其发展下去将会带来严重后果。由此可见，积极财政政策实施的基础条件正在逐步发生变化，以鼓励投资为主要手段刺激经济增长的目的已经基本达到，通货紧缩的态势也在逐渐淡去，宏观财政政策也应相应进行调整。

这样，从 2003 年下半年起又进行宏观调控。这次动手比较早，仅仅在出现了局部过热、还没有形成全面过热的情况下就开始了。力度比较适中，即使对重点调控领域，也没有采取“一刀切”“急刹车”的办法而是有保有压，区别不同情况加以不同对待。措施范围也比较适当，不是不加区别地全面收紧，而主要是把好土地和资金供应两个重要“门闸”。特别是对调控延续时间的掌握比较准确，即在形势基本稳定下来以后，就在内部明确，“看来这次宏观调控已经基本到位，一般可以不再采取激烈的措施了。”因此，其效果可以说比任何一次都好。本次调整，因为“三适”即适时、适度与适可而止基本上都做到了，从而才取得了比较全面的成功。

2004 年底的中央经济工作会议做出了财政政策转型的决定，宏观调控由“积极的财政政策+稳健的货币政策”过渡到“双稳健”模式。2005 年近一年的实践表明，财政货币政策的基本取向均为稳中偏紧，总体上配合较为协调。

从财政政策来看，2005 年财政预算赤字由 3 198 亿元减少到 3 000 亿元，财政赤字占 GDP 的比重由 2004 年的 2. 5%减少到 2005 年的 2%；长期建设国债的发行额由 1 100 亿元减少到 800 亿元，减少了 300 亿元。财政预算执行情况也反映了财政政策的稳健取向。2005 年 1—6 月，财政收入继续保持快速增长，全国财政收入累计完成 16 392 亿元，比 2004 年同期增长 14. 6%，高于经济增长率 5 个百分点。

此外，财政支出结构也得到进一步优化，2005 年 1—6 月的社会保障补助支出、抚恤和社会福利救济费、教育支出分别实现了同比 22. 6%、21. 4%和 17%的快速增长；全国实施粮食直补的 29 个省份安排粮食直补资金预计也会实现 13. 8%左右的大幅增长。财政政策在总量上向中性回归的过程中着力调整了支出结构。

货币政策总体上也属于稳中偏紧型。以提高存款准备金率、实行差别准备金制度、提高存贷款利率等灵活多样的货币政策手段来适当控制银行信贷投放的规模和速度。同时，与产业政策结合，控制盲目投资、低水平扩张、不符合国家产业政策和市场准入条件的项目贷款来抑制低水平重复建设。

2. 2006—2012 年宏观经济

这个阶段宏观经济失衡的特点发生新变化，除 2007 年外，大部分时间表现为需求疲软，供给过剩，与上一阶段失衡的方向大体相反。主要原因在于，经济发展带来产能的迅猛扩张，而经济体制改革深化强化了市场约束，相对于市场需求而言，产能出现过剩。与此同时，受到 2008 年国际金融危机的冲击，国内有效需求不足的矛盾凸显出来，经济增速明显放缓，从 2007 年的 14. 2%回落到 2009 年的 9. 4%。如何应对外部冲击的影响，缓解内需不足的压力，进而稳定经济增长并保障就业目标实现，成为这一阶段宏观调控的首要目标。相应地，宏观经济政策由长期实施的紧缩性政策转变为扩张性政策。2008 年后的一个时期，为应对国际金融危机冲击，进一步采取更加积极的财政政策，适度宽松的货币政策，直至 2012 年底。

（四）第四阶段：2013—2021 年

1. 2013—2015 年经济增长温和反弹

2013—2015 年期间经济增长发生了温和反弹。虽然全球需求水平仍保持疲软，经过 2012 年第四季度的经济触底，2013 年中国的 GDP 年均增长率恢复到 8. 6%，高于市场一致预期的 8.1%。

由于大量新项目上马，基础设施投资获得新的动力。同时，受益于住房销售的回暖，房地产投资正趋于平稳。此外，消费支出仍保持活力。以上多方面因素的结合推动了未来经济增长的反弹。

同时通货膨胀保持温和。相比 2009 年的 V 形复苏，这次的经济增长反弹会更加温和，经济仍继续在潜在经济增长水平之下运行，并抑制通货膨胀回升空间。货币政策和财政政策保持宽松。基于未来温和的通货膨胀预期和 2012 年经济触底反弹的判断，2013 年央行保持利率水平不变，2013 年央行主要通过逆回购和降低存款准备金率等政策工具保持货币供应 M2 的增速在 14%左右。要支持基础设施建设，财政支出需要继续扩大，同比增速超过 16%。

在 2012 年、2013 年、2014 年 3 年中，宏观调控每年采取的是“微刺激”与“保下限”政策，打了 3 次“下限保卫战”，每年形成了一个循环圈，即“经济增速下滑——微刺激——小幅反弹——再下滑”的循环圈。大体上说，每年初，经济增速下滑；然后，采取“微刺激”措施，经济增速小幅反弹；随后至下一年初，经济增速又继续下滑。要摆脱年年打“下限保卫战”的被动局面，把握经济运行合理区间的中线，防止经济增速一路下行，就需要从国家宏观经济管理的更高层面来解决，也就是要从我国中长期经济发展新的顶层设计层面来解决，寻找我国经济发展总体战略层面的重大创新和突破，从而寻找对于经济增长具有中长期持久推动的力量。

2015 年是宏观经济运行的艰难期和下阶段经济增长点的培育期，2015 年房地产调整的幅度依然在可控区间之中，中国外部不平衡的调整触底回升，地方投资将面临更大的下行压力，部分国有企业、产能过剩行业的企业以及小微企业将面临盈利能力下滑幅度超过其承受能力的冲击，金融改革与“强监管”一起来推动中国“去杠杆化”，中国整体性通货紧缩的压力加大，“强监管”加“定向宽松的货币政策”加“积极的财政政策”加“常态化的微刺激”在 2015 年进一步实施。

2. 2016—2020 年

“十三五”期间，我国经济社会发展取得了全方位、开创性历史成就。国内生产总值在 2016—2019 年保持了 6.7%的年均增速，2019 年国内生产总值达到 99.1 万亿元、占全球经济比重达 16%，对世界经济增长的贡献率达到 30%左右，“十三五”期末国内生产总值超过 100 万亿元。人均国内生产总值突破 1 万美元。2019 年全国居民人均可支配收入达 30 733 元，比 2015 年增长 39.9%。2016—2019 年城镇新增就业累计达 5 378 万人，劳动参与率和就业率在主要经济体中始终处于较高水平。纵观“十三五”时期的对外经济，中国保持了国际贸易与外商直接投资的增长势头，外贸发展稳中提质，货物贸易进出口总值 2019 年达 31.54 万亿元，位居世界第一，中国正进一步向着“世界市场”和国际投资中心的目标迈进。

“十三五”时期，世界经济增长依然乏力，经济下行压力依然较大。我国经济之所以能够顶住下行压力平稳前行，靠的不是“大水漫灌”式的强刺激，而是通过实施适度扩大总需求、坚定不移推进供给侧结构性改革。宏观经济政策将主要侧重以下五个方面：从防过热转向稳增长，从防通胀转向防通缩，防止区域性和系统性风险，以化解产能过剩为重点，从调控市场主体转变为激发市场活力。

2016 年我国宏观经济运行平稳，出现了“双重向好”的新格局：新结构、新经济、新动能在加速形成，传统产业调整在深化。我国经济出现的“双重向好”，并不意味着经济将会出现V形反转，明显回升。这次宏观经济企稳向好带有明显的内在性，而止跌回稳是初步的，基础仍不牢固，仍存在反复的可能性。继续坚持积极的财政政策和稳健的货币政策，更要在供给侧结构性改革上取得重大突破，为长期发展注入新的动力。

2018年，我国国内生产总值首次突破90万亿元大关，同比增长6.6%，增速在世界前五大经济体中居首位，经济总量稳居世界第二位。人均GDP接近一万美元。2018年，经济社会发展的主要预期目标较好完成，三大攻坚战开局良好，供给侧结构性改革深入推进，改革开放力度加大，人民生活持续改善。工业生产稳，规模以上工业增加值比上年实际增长6.2%；居民消费价格稳，CPI比上年上涨2.1%；市场销售稳，全年社会消费品零售总额比上年增长9.0%；外贸进出口稳，货物贸易规模创历史新高，保持世界第一；投资增长缓中趋稳，制造业投资和民间投资增速加快；宏观杠杆率趋稳，2018年M2增长低于名义GDP的增长；外汇储备在3万亿美元以上，人民币汇率基本稳定。宏观政策空间大、经验足。当时我国的通胀水平、财政赤字率在国际上都是比较低的，外汇储备充足，宏观政策操作空间大。

同时针对存在的困难和问题，采取要有针对性的对策。宏观政策强化了逆周期调节、结构性政策强化了体制机制建设、社会政策强化了兜底保障的功能。供给侧结构性改革的“巩固、增强、提升、畅通”八字方针，有利于改善供求关系，有利于结构性去产能、结构性去杠杆。同时，也考虑总需求平稳，现在的政策取向很明确，要继续实行积极的财政政策和稳健的货币政策，积极的财政政策要加力提效，稳健的货币政策要松紧适度。

2019年，面对复杂严峻的内外部形势，中国持续深化供给侧结构性改革，加大逆周期调节，着力做好“六稳”工作，经济运行总体平稳。我国经济总体保持平稳运行态势，经济运行中出现诸多积极变化：一是经济结构优化升级持续推进；二是工业结构优化调整取得实效；三是减税降费政策红利显著；四是房地产市场“三稳”调控目标稳步落实。但也面临着经济下行压力加大、工业运行稳中趋缓、物价水平上涨较快、投资需求不振、消费需求不稳、区域增长不平衡加剧等难题。2020年，经济下行压力犹存，但周期性因素或产生积极影响，叠加逆周期调节政策持续发力，经济下行压力有望减弱。

2020年，面对严峻复杂的国际形势、艰巨繁重的国内改革发展稳定任务特别是新冠肺炎疫情的严重冲击，全国各地区各部门在以习近平同志为核心的党中央领导下，努力构建“以国内大循环为主体、国内国际双循环相互促进”的新发展格局，在统筹疫情防控和经济社会发展方面取得显著成效，经济稳定复苏，主要经济指标由负转正，供需关系逐步改善，市场活力动力增强，民生得到有力保障，社会大局保持稳定，使得我国成为全球真正实现经济正增长的主要经济体。

二、近期我国宏观经济运行形势分析

（一）2020年一季度宏观经济运行状况分析

突如其来的新冠肺炎疫情对我国经济运行造成较大影响，一季度GDP同比负增，国际国内环境愈加错综复杂。但在逆周期调节政策的有力对冲下，复工复产加快推进，

3 月份主要经济指标呈现回升势头，降幅明显收窄。一季度，三驾马车同比负增长，GDP 增速下行，但基建投资明显发力，线上消费占比提升，贸易顺差大幅收窄。价格方面，食品价格带动 CPI 加速上涨，PPI 降幅有所扩大，人民币汇率在双向波动中基本稳定。财政、货币、金融政策充分发挥托底作用，社会政策首提“六保”，全力支持疫情防控，确保我国经济金融平稳运行，推动生产生活有序恢复。具体如图 2-1 所示：

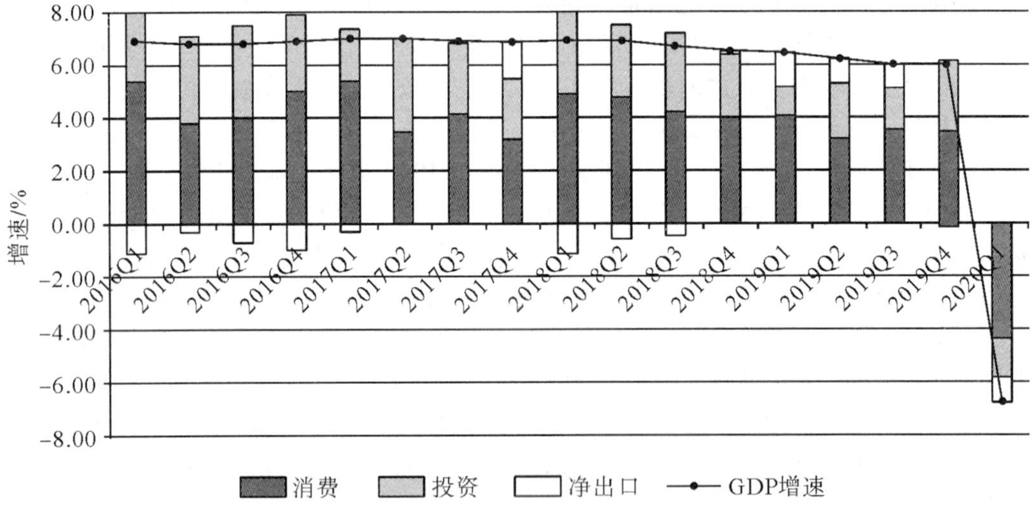

图 2-1　GDP 当季同比增速为负，“三驾马车”同时下拉

展望二季度，GDP 增速有望回正，预计投资、消费同比小幅增加，贸易顺差收敛态势仍将持续。CPI 同比涨幅料将回落，PPI 仍同比负增长，人民币对美元稳中有升。建议财政政策在推动“三支箭”落地的基础上，侧重扩大公共消费，运用总量货币政策工具维持相对较阔的信用条件，兼顾结构性工具应对结构性冲击，金融政策既要支持商业银行多渠道补充资金，同时应注意呵护前期防风险成果。

1. 国内生产总值

新冠肺炎疫情全面冲击经济，GDP 同比负增长。据初步核算，如图 2-2 所示，2020 年一季度，我国国内生产总值（GDP）同比下降 6.8%，增速较上季度和上年同期分别下滑 12.8 和 13.2 个百分点，基本符合市场普遍预期。

分月看，1 月下旬起，新冠疫情对国内供需两端形成严重冲击，1—2 月工业生产、投资、消费、净出口等经济指标同比大幅负增；3 月国内疫情得到有效防控，宏观政策逆周期调节效果显现，但海外疫情迅速升级；一方面，“外防输入、内防反弹”压力不减，持续制约国内供需；另一方面，全球经济下行压力加大，外需萎缩。因此，3 月各项经济指标虽较 1—2 月有较大幅度反弹，但普遍仍同比负增长。

消费下滑对 GDP 的拖累最为显著。三驾马车方面，疫情对消费的负面冲击最为明显。一季度，消费、投资、净出口分别拖累 GDP 增速 4.36、1.5、0.98 个百分点。并且，消费对 GDP 的贡献率为-64%。

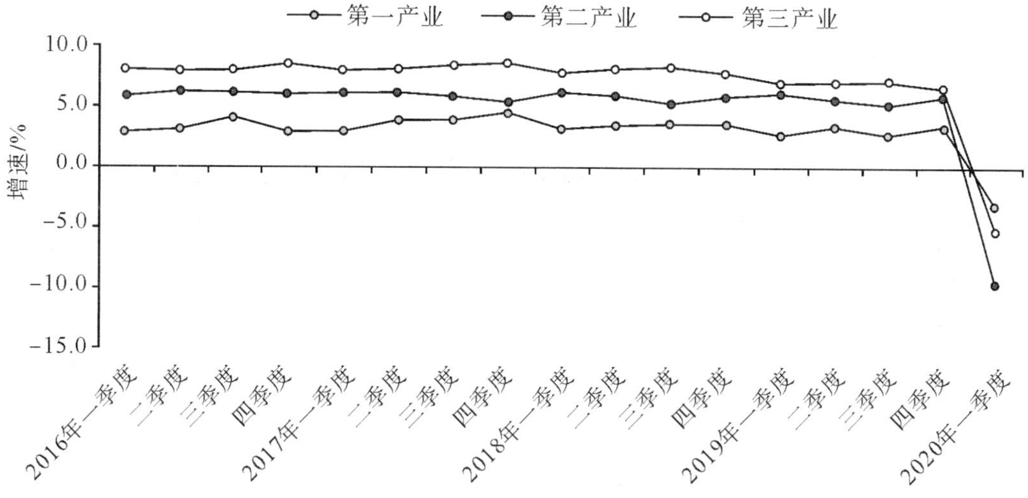

图 2-2　一季度三次产业同比实际增速均大幅下行

生产停滞严重拖累第二产业，线上消费增强了第三产业韧性。三次产业方面，疫情叠加春节假期，导致物流停滞、大量制造业企业停工、建筑施工项目推迟，第二产业同比下降近 10%。线上购物、娱乐、办公等行业逆势增长，在一定程度上对冲了交通、旅游等服务业遭受的冲击，使得第三产业 GDP 实际同比下降幅度好于宏观经济整体表现，显示服务业转型增强了行业的抗冲击韧性。

复工复产延迟和需求下滑冲击工业生产，在 3 月明显恢复。一季度，全国规模以上工业增加值同比，增速较上年同期下滑近 15 个百分点。受疫情影响，节后复产延迟、用工困难、物流受阻，生产端景气度严重受挫，且需求端下滑进一步加剧了疫情对工业生产的负面影响。

如图 2-3 所示，2020 年 1—2 月工业增加值累计同比为两位数负增长。3 月以来，国内疫情得到有效防控，各地加快推进复工复产，加上前期积压需求有所回补，工业生产“深蹲起跳”，当月工业增加值同比降幅较 1—2 月收窄逾 12 个百分点。但受 3 月海外疫情快速蔓延、主要消费市场美欧成为疫情中心、国内人员流动和内需反弹仍未完全恢复等影响，当月工业增加值仍未回到正增长。

2. 固定资产投资

固定资产投资同比负增长，2020 年 3 月降幅明显收窄。2020 年一季度全国固定资产投资累计同比下降 16. 1%，增速较上年同期下滑 22. 4 个百分点，三大类投资均同比负增长。主要原因是，节后复工明显延迟，拖累基建和房地产投资。此外，企业开工延后、收入和盈利能力下滑、市场需求前景减弱等因素，也削弱了制造业企业的投资意愿和能力。3 月复工进程明显加快，各类企业融资规模大幅上升，一季度企业新增融资比上年同期多出近 1 万亿元。3 月三大类投资与 2 月相比均不同程度改善，带动固定资产投资增速反弹。3 月全国固定资产投资同比降幅较 1—2 月大幅反弹近 14 个百分点，如图 2-4 所示。

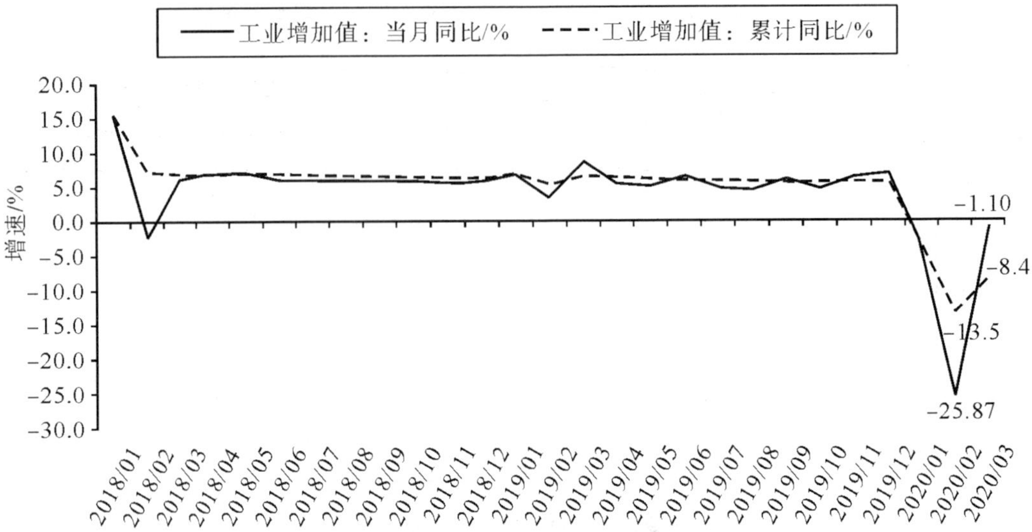

图 2-3　规模以上工业增加值同比增速创新低

逆周期调节推动基建投资发力。一季度，基建投资（不含电力）累计同比下降约20%，大幅低于上年同期值，但较前两月月降幅收窄逾 10 个百分点。3 月基建投资回暖，各地基建项目复工进度明显加快，政策加大逆周期调节力度，基建投资成为主要发力点。一季度主要投向基建领域的地方专项债发行规模达 1. 1 万亿元，较上年同期大幅增加 66. 7%。

2020 年一季度制造业投资信心受到明显冲击。1—3 月，制造业投资同比下降 25. 2%，增速较上年同期下滑 29. 8 个百分点。人员返岗率和企业复工率较低，限制了企业投资活动；同时企业收入和盈利不佳，现金流受到影响；加之市场需求前景减弱，进一步制约了企业投资意愿和能力。

3 月制造业投资有所好转，但当月仍同比下降 20. 6%，低于固定资产投资整体水平。主要原因在于，制造业以民营企业为主，出口导向特征较为明显。3 月以来宏观政策逆周期调节力度加大，以民企为主的中小微企业信贷融资大幅增长，但这些资金仍以流动性救急为主，在 PPI 通缩、海外疫情严峻的预期下，民企投资信心仍然不足。同时值得指出的是，疫情并未打断我国制造业转型升级进程。1—3 月高技术制造业投资同比降幅远低于制造业投资整体水平，其中计算机及办公设备制造业投资更逆势同比增长 3. 2%。

房地产投资 2020 年 3 月率先转正。一季度，工人返岗困难、销售和回款不畅导致房企复工受到影响，加上土地供需受到抑制，导致房地产开发投资同比增速较上年同期下滑 19. 5 个百分点。但 3 月受房企融资环境明显好转和房贷利率下行提振投资预期的影响，房地产投资明显恢复，当月房地产开发投资同比增速为 1. 2%，在三大类投资中率先转正。

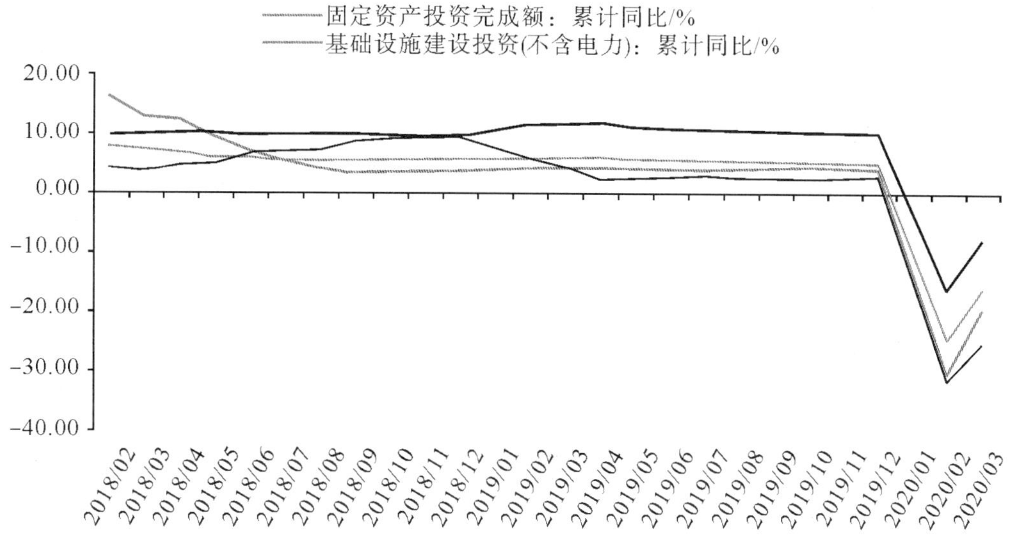

图 2-4　固定资产投资及三类主要投资累计同比增速均在 3 月反弹

3. 消费

一季度消费活动受限、收入增速下滑，社会消费品零售总额（以下简称“社零”）同比大幅负增。疫情之下，商铺延期开业、居民出行不便、交通物流不畅，导致消费活动明显受限。一季度，社零实际同比下降 22.0%，较上年同期大幅下滑近 29 个百分点。从下滑幅度看，疫情对除粮油、食品以外的各类商品消费造成普遍冲击，对汽车等可选消费品的影响明显大于必需品。一定程度上反映出疫情拖累收入增长，进一步限制了居民的消费意愿和能力。

线上消费占比提升。一季度，网上商品和服务零售额同比降幅明显小于社零总体，实物商品网上零售额占社零比重较上年同期和上年全年均出现上升。2020 年 3 月 13 日，国家发改委等 23 个部门联合发布《关于促进消费扩容提质　加快形成强大国内市场的实施意见》，提出鼓励线上线下融合等新消费模式，大力发展“互联网+社会服务”消费模式，促进各项服务消费线上线下融合发展，这进一步增加了线上消费等新型消费模式的未来发展空间。

4. 进出口

疫情对出口影响大于进口，贸易顺差同比大幅收窄。以美元计价，2020 年一季度我国货物贸易进出口总额同比下降 8.4%，降幅较上年同期扩大 7.2 个百分点。其中，出口额下降 13.3%，增速较上年同期下滑 14.7 个百分点；进口额下降 2.9%，降幅较上年同期收窄 1.2 个百分点。由于出口增速大幅下行，2020 年一季度我国对外贸易顺差累计同比下降 81.9%。

出口供需两端受疫情冲击，2020 年 3 月降幅超预期收窄。一季度，企业复工复产延期对国内供应链造成严重冲击，加上 2 月下旬以来疫情全球化扩散冲击外部需求，从需求端对我国出口贸易带来负面影响。疫情扰乱了此前中美贸易摩擦阶段性缓和以及全球经济增长动能边际增强带来的出口贸易修复势头。2020 年 3 月，出口贸易额同比降幅较 1—2 月明显收窄，主因是国内疫情有效控制带动供应链逐步恢复、前期积压出口订单集中出货的影响。但疫情在海外加速蔓延，供给恢复和前期需求回补带来的出口数据改善恐难持续。

疫情对进口影响相对较小。企业复工延期和消费活动放缓也对进口增长有所抑制。2020 年 1—2 月我国进口额累计同比下降 4.0%，降幅较上年同期扩大 1.6 个百分点。同年 3 月国内生产消费逐步好转，前期积压需求开始释放，尤其是供给端恢复提振了产业链配套进口需求，带动进口增速回升，并较上年全年微幅扩大 0.2 个百分点。在一季度大宗商品价格走低的情况下，我国进口增速依然平稳，展现出了较强的内需韧性。

5. 物价

食品和非食品价格“剪刀差”进一步扩大。2020 年，一季度 CPI 累计同比上涨 4.9%，涨幅高于上年同期和上年全年。其中，食品和非食品价格“剪刀差”继续走阔：食品价格累计同比上涨 20.3%，大幅高于上年同期值 2.2%和上年全年值 9.2%；非食品价格上涨 1.1%，低于上年同期值 1.7%和上年全年值 1.4%。疫情对 CPI 产生了非对称、结构性的影响，食品需求刚性尽显，非食品（特别是非必需品）消费受限，二者价格背离趋大。疫情冲击总需求叠加国际大宗商品价格走低，PPI 通缩压力加大。2020 年，一季度，PPI 累计同比下跌 0.6%，低于上年同期值 0.2%和上年全年值-0.3%。其中，1 月受低基数和中上游工业品新涨价动能普遍增强影响，PPI 同比涨幅时隔半年首度转正至 0.1%。2—3 月，在企业生产投资及工地开工停滞、终端消费活动低迷、国际大宗商品价格走低的共同影响下，工业品价格继续承压，PPI 同比再度转负。具体如图 2-5 所示：

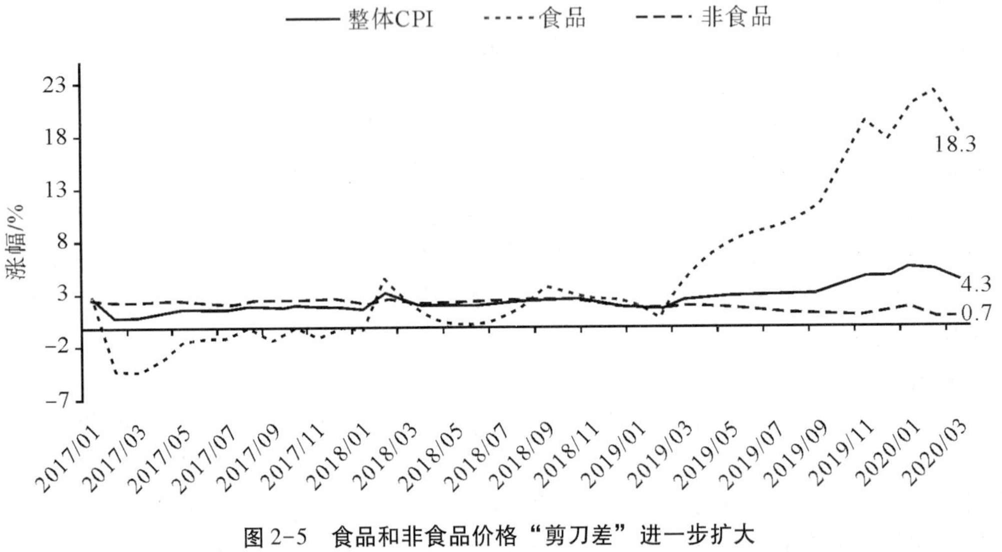

图 2-5　食品和非食品价格“剪刀差”进一步扩大

从大类看，2020 年一季度生产资料 PPI 累计同比下跌 1.3%，生活资料 PPI 累计同比上涨 1.3%，高于上年同期值 0.5%和上年全年值 0.4%，如图 2-6 所示。这反映出疫情对中上游原材料和工业品需求和价格冲击更为直接，尤其是原油价格暴跌对生产资料价格的下拉作用明显。生活必需品的刚性需求虽对下游生活资料价格形成支撑，但上游价格持续下跌将逐步向下游传导。

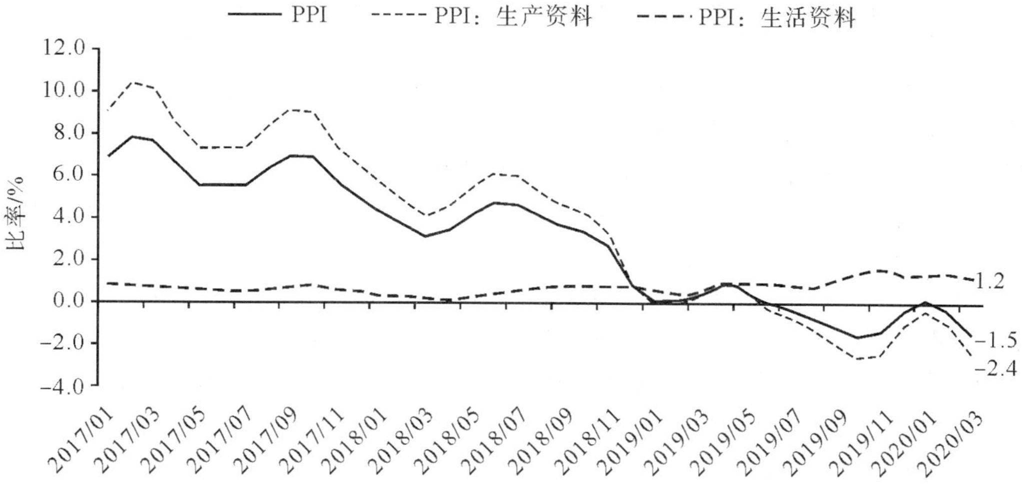

图 2-6　PPI 同比再度转负

6. 汇率

人民币对美元汇率波动上行，美元指数冲破整数关口。2020 年一季度，人民币对美元先升后贬。1 月，人民币对美元延续去年末升值走势，春节前汇率中间价一度创下 2019 年三季度以来最低。春节后受新冠疫情影响，人民币有所贬值并再度“破 7”。随着新冠疫情在全球快速蔓延，金融市场避险情绪升温，美元指数迅速走高，突破 100 整数位心理关口并创 2017 年以来最高纪录。带动人民币对美元出现较大幅度贬值。

需要指出的是，尽管人民币对美元有所贬值，但在美元指数明显上升的情况下，人民币汇率在双向波动中保持基本稳定，在全球货币中相对稳健，表现出较强的韧性。同时，我国跨境资金流动总体稳定，这更加印证了当前我国汇率市场化改革稳步推进、成效不断显现和市场主体心态愈发成熟的事实。

CFETS 人民币汇率指数①震荡上行。2020 年一季度，CFETS 人民币汇率指数总体延续上升态势。1 月，随着中美贸易协定达成、供给侧结构性改革深入推进，市场对我国经济预期偏乐观，支撑 CFETS 人民币汇率指数走高。2 月，新冠疫情对我国经济带来严重冲击，但 CFETS 人民币汇率指数相对稳定，在小幅下跌后保持平稳。3 月，受到国际国内新冠疫情形势变化和金融市场情绪影响，CFETS 人民币汇率指数先升后降。

（二）宏观经济政策

2020 年上半年，随着新冠疫情防控工作不断取得积极进展，复工复产稳步推进，经济社会秩序有序恢复。5 月“两会”释放出力度空前、落地有力的财政、货币和金融政策，扎实做好“六稳”工作，助力我国宏观经济运行局面不断趋好，维护金融市场平稳运行。与此同时，积极落实就业优先、精准脱贫和普惠民生的社会政策，全面落实“六保”任务，带动我国就业形势逐渐改善，民生和社会发展进一步恢复。

1. 财政政策

财政支持力度持续加大，全力支持抗疫和经济社会恢复。2020 年上半年，我国广

① CFETS 人民币汇率指数为中国外汇交易中心定期公布的人民币汇率指数。CFETS 为 China Foreign Exchange Trade System 的简称，即中国外汇交易中心暨全国银行间同业拆借中心的简称。

义财政空间明显打开，逆周期调节作用充分发挥。收入端，减税降费政策力度持续加大，并凸显惠企惠民特点，重点对小型微利企业、小规模纳税人、个体工商户，以及受疫情冲击较大行业（公共交通、餐饮住宿、旅游娱乐文化）推出所得税减免及缓缴政策，免征文化事业建设费。支出端，财政“三支箭”① 全面落地，赤字率按照 3.6%以上安排，发行万亿元抗疫特别国债并全部直达基层，地方政府专项债扩容规模空前、节奏前移明显，其中 5 月份发行规模创历史新高（9 980 亿元），上半年累计发行已完成全年计划规模的近六成，下达提前批额度已超上年全年新增规模。

财政政策特点可概况为“一季度托底对冲、二季度撬动转型”，支出使用效能提高。为更高效地支持疫情防控和经济社会发展，上半年财政支出侧重点有一定的边际微调。从支出分项的累计同比增速看，相较于 1—3 月，1—6 月卫生健康、城乡社区相关支出增速出现明显下降，反映出年初为对冲疫情而扩支较快的项目有所放缓；社保就业、节能环保相关支出增速保持稳定，交通运输、科学技术相关支出增速明显增加，考虑到同期固定资产投资完成额累计同比增速大幅好转，表明二季度财政支出对投资发挥了一定的撬动作用，且引导经济结构转型的特征明显。进一步地，上述变化更是反映财政支出重点由抗疫时的社会救助转向疫情防控常态化后的调结构和稳投资。

中央对基层的财政支持力度显著加强，最大限度下沉财力。旨在切实帮助基层补充财力和发挥财政撬动作用。政府债券支持方面，政府工作报告提出新增的 1 万亿抗疫特别国债和 1 万亿元财政赤字全部转给地方，并用于特定领域；抗疫特别国债的 30%的本金和全部利息由中央承担。转移支付方面，今年中央对地方转移支付较上年新增 9 500 亿元，同比增速近 13%，增量和增幅均创近年新高，并专门安排特殊转移支付逾 6 000 亿元，用于地方财政应对疫情和弥补减收增支和县级财政缺口。

财政支出韧性整体较强，财政收入逐渐回暖。受疫情冲击等影响，上半年一般公共预算收支双降，财政运行面临紧平衡②，但支出端增速下滑幅度明显小于收入端，反映出在当前收入面临约束的情况下，财政支出仍具韧性。分项中，社保就业、卫生健康和债务付息相关支出增速较快。与此同时，随着经济活动逐步恢复，财政收入单月同比增速逐月回暖，6 月份一般公共预算收入和税收收入均步入正增长，上半年累计同比增速较一季度回升 3. 5 个百分点。

政府性基金收支持续好转。上半年，各级财政多渠道盘活资源，叠加房地产市场有所回暖和土地出让市场好转，以及二季度抗疫特别国债发行影响，政府性基金收入增速逐月好转，1—6 月，全国政府性基金收入累计同比增速较 1—3 月加快 11 个百分点，其中，中央政府性基金累计同比增速加快近 10 个百分点，地方本级政府性基金累计同比增速更是转正为 0. 3%。全国政府性基金支出累计同比增速较 1—3 月大幅加快逾 17 个百分点，这主要反映出上半年专项债发行放量的影响。

2. 货币政策

货币政策稳健克制，珍惜正常的货币政策空间。对标全球，为应对疫情对宏观经济和微观实体造成的巨大负面冲击，2020 年上半年主要中央银行纷纷开启量化宽松货币政策甚至出现“负利率”，但中国人民银行始终坚持加强国际宏观经济政策协调的前

---

① 财政“三支箭”指 2020 年 3 月 27 日中央政治局会议提出财政发力的三支箭为赤字、专项债和特别国债。

② 紧平衡指短期内供需大体平衡，但剩余不多，并不能保证时时刻刻都供应充足。

提下，集中精力办好自己的事，并未急于推出大幅度的降息及量化宽松政策。截至 6 月末，社会融资规模存量和 M2 同比增速较上年同期分别加快 1.6 和 2.6 个百分点，各项贷款余额增速仅较上年同期高 0.2 个百分点，货币供应较好地匹配了实体经济的运行需要，并未出现“大水漫灌”式的强刺激。居民消费价格指数涨幅稳定、资产价格平稳和人民币汇率合理波动，未来货币政策仍存较大空间。

总量和结构性政策共同推进，宽货币向宽信用传导更加顺畅。2020 年年初以来，货币政策充分发挥逆周期调节作用，以合理充裕的流动性大力支持疫情防控、复工复产和实体经济，通过降准降息、专项再贷款再贴现政策和增量开展 MLF① 等方式加大基础货币投放，金融机构存款准备金率降至较低水平，一季度末基础货币余额同比增速较上年同期加快逾 10 个百分点，较上年末加快近 7 个百分点，代表金融机构融资成本的货币市场利率中枢同比降幅明显，DR007② 均值较上年全年均值降低 34bp，“宽货币”特征渐显。与此同时，上半年货币政策更突出针对性和直达性，结构性货币政策工具的精准滴灌作用得到有效发挥，货币传导效率增强，信用条件走阔，代表实体企业融资成本的市场利率稳步下降。1 年期和 5 年期 LPR 分别较上年末下降 30bp 和 15bp，1 年期中债企业债（AAA）和中短期票据（AAA）到期收益率均值均较上年全年均值下行逾 70bp。

融资结构持续优化，信贷和资本市场合力支持实体经济平稳运行。2020 年上半年，新增社会融资规模累计超过 20 万亿元，除 2 月份受春节假期和防疫停产等影响外，各月份新增规模总体维持高位。实体部门直接融资力度有所加大，除信贷外，债券也成为上半年社融高增的主要贡献，受市场利率持续下降和注册制改革等利好，上半年企业债券融资超 3.3 万亿元，已超过上年全年总规模，占同期社融增量的比重近 30%。期限方面，企业中长期信贷投放保持较高增速，上半年多数月份，金融机构新增企业中长期贷款同比增速明显快于整体人民币贷款增速。

3. 金融政策

金融政策为全力做好抗疫金融服务，促进经济金融良性循环。引导金融机构加强对实体经济的资金支持，实现普惠金融服务“量增、降本”。据银保监会数据，2020 年上半年金融机构新增人民币贷款逾 12 万亿元，同比多增近 2.5 万亿元，二季度季末普惠型小微企业贷款余额超 13 万亿元，同比增长近 30%，平均利率较上年均值降低近 70bp③。与此同时，金融机构通过票据融资、贷款延期还本付息、展期续贷、承销信用债券、资产证券化和应收账款质押融资等方式，助力企业度过流动性困境，配合做好援企稳企工作。金融基础设施机构通过开辟发行“绿色通道”和简化线上流程等方式，为疫情防控金融债、企业债和地方政府专项债等提供高效支持。

拓宽资本补充渠道，严控各类风险，确保金融体系平稳运行。受疫情冲击等影响，企业还款能力受损，2020 年上半年银行业保险业信用风险有所上升，不良贷款率较 2019 年末有所升高。银保监会鼓励中小金融机构内外多渠道补充资本金，2020 年前六个月发行永续债银行的数量已超 2019 年全年水平，发行规模同比增长近 140%，其中

① MLF 全称是 Medium-term Lending Facility，指的是中期借贷便利是中央银行为市场提供的中期基础货币的货币市场工具。

② DR007 是指银行的存款类金融机构以利年债为质押的 7 天回购利率，可理解为向银行借钱的资金成本。

③ bp 是指基点，为 Basis Point 的简称。常用于金融方面，是债券和票据利率改变量的度量单位。

中小银行更是成为商业银行永续债的发行主力。近期多部委联合印发中小银行资本补充工作方案，允许发行地方政府专项债认购中小银行可转债。与此同时，面对2020年上半年市场流动性宽裕环境，金融监管重点防控影子银行和交叉金融业务风险，遏制资金空转和脱实向虚苗头，呵护防风险成果，引导金融切实服务实体经济。

（三）2020年下半年宏观经济展望

GDP增速将回归潜在增长水平，需要关注可能出现的“修复瓶颈”。展望2020年下半年，固定资产投资还有较大加速空间，消费修复也将稳步推进，但短期内全球疫情难现拐点，外需下滑风险较大。2020年稳就业取代经济增长成为最重要的宏观政策管理目标。预计下半年GDP同比增速有望向6.0%左右的常态回归，全年GDP增速中枢将在2.5%左右。考虑到近期工业生产、服务业产出、消费和投资等诸多宏观指标已出现走平迹象，下半年需要关注“修复瓶颈”问题。

投资方面，预计2020年下半年固定资产投资增速将进一步加快，全年有望实现接近两位数的增长水平，进而在2020年宏观经济运行中发挥中流砥柱作用。三大类投资方面，疫情拖累2020年上半年各类资金支出进度较为滞后，叠加前期专项债大规模发行筹集的资金，下半年基建资金将逐步到位，因此基建投资增速将加快，全年增速有望达到15%左右，逆周期调节作用将进一步显现。商品房销售边际回暖将延续，房地产开发投资仍有一定加速空间，预计全年增速不会明显低于2019年，近期房地产工作座谈会重申“房住不炒”，预计下半年依靠房地产拉动经济的必要性减弱。2020年下半年工业品通缩态势将继续好转，政策也在持续加大对制造业的控制力度，不排除出现单月正增速。但考虑到外需仍存较大不确定性，制造业投资信心恢复面临考验，预计全年制造业投资累计增速仍有负增长的可能。

消费方面，在经济延续修复和各项促消费政策发力共同作用下，2020年下半年社零增速还有回升空间，但回升斜率可能放缓。主因是前期积压的补偿性消费需求已基本释放，下半年就业形势较为严峻，居民收入预期不稳，加上全球疫情形势及秋冬疫情是否“卷土重来”仍存不确定性，从而对居民消费活动产生制约。预计2020年社零累计增速将在-2%左右。

出口方面，根据国际货币基金组织最新预测，2020年全球经济将同比下降4.9%，增速较2019年下滑7.8个百分点，远超2008年金融危机时。并且国内外疫情发展存在错期效应，下半年发达经济体及我国以外的其他新兴市场或持续处于深度衰退，我国外需恐面临较大幅度萎缩。此外，伴随疫情高发国家加快口罩等防疫物资生产，2020年4月以来强劲增长的防疫物资出口可能减速，并且下半年会有更多国家尝试恢复本国产能，二季度我国出口的“替代效应”也趋于减弱。最后，11月美国大选也增加了中美贸易摩擦的不确定性。综上2020年下半年外需拖累效应进一步显现。

进口方面，2020年下半年国内经济延续修复，加之大宗商品价格走势趋稳，量价两方面因素对进口金额增速仍有支撑。但随着国内经济回升斜率趋缓，进口难以维持较快反弹势头，单月增速存在反复可能。整体上看，2020年下半年进口增速中枢较上半年回升，但仍将处于较低增长水平。

消费品和工业品价格逐步向“0”附近收敛。2020年8月之后CPI高基数效应将显现，且需求不足导致新涨价因素弱化，预计CPI同比涨幅将出现较快下行，2020年年底有可能接近零增速，从而扩大货币政策操作空间。2020年下半年国内经济持续修复，

PPI 回暖态势有望延续，但全球疫情仍加速扩散导致总需求恢复缓慢，大宗商品价格上行空间有限，年底前后 PPI 同比可能向“0”靠拢。

人民币汇率保持较高弹性，或有小幅升值。外部因素方面，在美国疫情控制不力、美联储持续宽松和全球避险情绪趋缓的影响下，预计 2020 年下半年美元指数总体趋弱，但中美关系不确定性增强会扰动外汇市场情绪。内部因素方面，2020 年下半年我国经济延续缓慢恢复态势，同时货币政策维持稳健，中美两国利差对人民币升值产生支撑。综合研判，人民币汇率呈现宽幅震荡态势，且不排除有小幅升值可能。

（四）2020 年下半年宏观政策建议

1. 财政政策

充分发挥积极财政的撬动作用，做好前期政策的落地落实。疫情主要影响居民收入和企业盈利，建议 2020 年下半年仍以财政政策为主，强化逆周期对冲，支持居民收入和企业利润增长，撬动实际需求。2020 年政府债券同比新增发行规模创历史高位，要聚力补短板、惠民生、促消费和扩内需领域，尽早发挥债券资金使用效益。2020 年拟安排的财政赤字率高于往年，在财政收入维持低速增长的情况下，更应着力构建支出结构优化的长效机制。除直接经济补贴外，可扩大广义基础设施建设规模，例如，增加保障房供给、改造老旧小区、完善医疗和养老保障体系、加大公共卫生和应急管理投入等。

增加短期国债发行，提升特殊时期政策效能。一方面，目前海外疫情仍未好转，国内处于缓慢恢复重启阶段，预计 2020 年下半年财政收入下降而支出刚性的情况仍难缓解。基于此，建议适度扩大短期国债发行规模，获得低成本、灵活和可观的资金，更好支持“六稳”“六保”领域。另一方面，当前流动性环境整体宽松，此时发行短期国债能够为财政政策和货币政策提供较佳结合点，将货币政策释放的资金更好地转化为有效投资，高效释放国内市场需求增长潜力。

进一步推动财力下沉，惠及基层。2020 年减税降费力度较大，地方财政面临压力，财政资金使用将体现“一竿子插到底”的精神，中央财政转移支付力度总体加大。总量有保的同时更应注重使用结构优化和发力精准，可灵活适度增加专项转移支付，用于支持受疫情和汛情冲击影响较大的行业和领域，以便在当前的特殊时期，较大程度地发挥财政转移支付在保就业、保基本民生和保市场主体方面的效率，增强财政保障能力。

2. 货币政策

货币政策需向内聚焦，应对短期冲击也要做好中长期打算。2020 年上半年全球主要央行的 QE 政策将导致疫情后全球流动性长期充足，下半年我国的货币政策应在考虑到全球宽松货币政策的溢出效应和流动性形势的情况下相机抉择，适时适度调节利率水平，保持流动性合理充裕和实体经济相对较阔的信用条件，呵护经济内生性增长动力缓慢恢复。从中长期看，未来全球经济增长面临周期性下行，保护主义上升，我国外需形势不容乐观。在此情况下，需要用改革释放内需潜力，货币政策应围绕金融供给侧结构性改革和利率市场化改革，引导金融资源优化资源配置，支持我国经济高质量发展。

进一步提高直接融资比重，提升金融服务实体经济的效率。2020 年上半年人民币信贷投放力度较大，并突显一定的结构性支持特点，但间接融资体系下企业融资满足率仍有待提高，同时资金在金融体系内空转的风险有所加大。基于此，建议持续加大直接融资比重。依托新证券法的注册制改革的政策利好和流动性合理充裕的有利条件，促进企业债券市场扩容，充分发挥债券的定向支持功能，提高企业融资便利性和降低融资成本，促进资金精准流向实体经济所需环节。

3. 金融政策

金融政策需加快构建商业银行资本补充长效机制。信贷投放加大背景下，商业银行资本补充需求加大，2020 年下半年金融政策应继续支持商业银行多渠道补充资金，提早谋划应对银行业不良资产大幅增长的问题。一方面，降低中小银行永续债发行门槛和提高发行审批效率，允许符合条件的银行根据自身需要规划其资本工具发行。另一方面，鼓励年金和保险资金等长期投资者参与银行财务性股权投资、银行永续债和二级资本债投资，以进一步增强商业银行风险抵御能力，更好地服务实体经济。

严防资金空转，促进金融与实体经济良性循环。2020 年房地产工作座谈会重申“不将房地产作为短期刺激经济的手段”，银保监会年中会议提出严防影子银行房地产贷款乱象回潮，下半年金融政策将以稳增长和防风险作为两大主线。中短期措施方面，建议做好“一收一放”：前者是指在市场利率下降过程中，着重关注企业短期信贷和对公结构性存款同步高增长的现象，加大对银行资金空转和套利等违规行为的处罚力度，强化监管震慑作用；后者是指引导鼓励正当的金融创新，推出风险共担、利益共享和定价合理的金融产品，完善金融风险补偿机制，促使金融高效精准支持实体经济。长期来看，治本之策是加强经济政策的协调配合，推动利率市场化改革和制造业转型升级，实现金融供给结构与产业结构升级需求的精准匹配。

第二节　地区宏观经济运行分析案例——以广西为例

广西是我国少数民族人口最多的自治区，有壮、汉、瑶、苗、侗等 12 个世居民族，其中少数民族人口占全区总人口的 38.3%（壮族人口占 32.8%）。2020 年初全区户籍总人口 5 695 万人，比上年末增加 36 万人。全区常住人口 4 960 万人，比上年末增加 34 万人，其中城镇人口 2 534.3 万人，占常住人口比重（常住人口城镇化率）为 51.09%，比上年末提高 0.87 个百分点。户籍人口城镇化率为 32.49%，比上年末提高 0.77 个百分点。陆地面积 23.67 万平方公里，现设 14 个地级市、109 个县（市、区）①。广西的发展优势很多，概括起来主要有四个方面：

一是区位优势。广西沿海、沿边、沿江，陆地边境线 1 020 公里，海岸线 1 595 公里，有 8 个县（市、区）与越南接壤，拥有国家一类口岸 17 个、二类口岸 8 个。西江“黄金水道”横贯广西境内，直通广东、中国香港、中国澳门。地处华南经济圈、西南经济圈与东盟经济圈的结合部，是我国唯一与东盟既有陆地接壤又有海上通道的省区，是我国通往东盟最便捷的国际大通道，是我国西南地区最便捷的出海口和对外开放的窗口，是连接我国与东盟市场的重要枢纽。随着中国—东盟自由贸易区 2010 年全面建成、泛北部湾经济合作的兴起和广西北部湾经济区开放开发上升为国家战略，且作为

① 数据来源于广西壮族自治区统计局官网. http:tjj.gxzf.gov.cn/

中国“一带一路”建设中的重要门户节点。广西的区位优势和战略作用更为突出。

二是资源优势。自然资源方面，广西矿产资源种类多、储量大，尤以铝、锡等有色金属为最，是全国 10 个重点有色金属产区之一，占全国探明资源储量矿种的45.8%，其中 64 种储量居全国前 10 位，有 12 种居全国第 1 位。在 45 种国民经济发展支柱性矿藏中，广西探明资源储量的有 35 种。广西有丰富的水力资源，境内河流众多，全区河流流域面积达到 23.67 平方公里，水力资源蕴藏量达到 2 133 万千瓦，其中红水河段长 658 千米，滩多水急，被誉为中国水电资源的富矿。2017 年，广西境内地表水资源量、地下水资源量分别达到 2 177 亿立方米和 529 亿立方米，人均水资源量达到 3 375 立方米，高出全国平均水平 43%。全区森林面积达到 1 479 万公顷，森林覆盖率达到 62.3%。

人力资源方面，广西劳动力资源丰裕，全区常住人口 4 838 万人，区内就业人员2 841万人，平均每年新增劳动力约 160 万人，其中每年中专院校毕业生超过 40 万人。总人口中，15—59 岁人口多年都达到 68%左右，年龄结构较为合理，劳动力供给充裕。同时，每年受高等教育的人口比重逐步递增，大专以上人口比重从 2000 年的 2.6%，增加到 2016 年的 9.21%。

创新资源方面，广西目前拥有国家重点实验室 2 家、国家工程技术研究中心 3 家、国家工程实验室 3 家、国家地方联合工程研究中心（实验室）11 家、国家级企业技术中心 8 家、国家级高新技术企业 641 家、国家级科技企业孵化器 7 家。高层次人才方面，全区共有 153 万专业技术人才，国家百千万人才工程人选 36 名①。

三是生态优势。广西地处云贵高原东南边缘，两广丘陵西部，南临北部湾海面，境内喀斯特地貌较多，山林分布广泛，在水环境、空气环境、海洋环境等方面均保持优良水平，生态环境舒适宜人。

水环境方面，广西地表水断面水质优良比例为 98.1%，丧失使用功能水体比例为0，两项指标均排名全国第一。境内珠江水系、长江水系水质状况总体均为“优”，独流入海水系水质状况总体达到“良好”。

海洋环境方面，广西目前海岸线达到 1 769 公里，滩涂面积达到 833 平方公里。近岸海域水质保持优良，一二类海水比例达到 81.8%，居于全国前列。海洋生物资源丰富，不仅具有多样性的海洋生物品种和中华白海豚、儒艮等国家濒危保护动物，而且还拥有红树林、珊瑚礁和海草床等典型的海洋自然生态系统，其中红树林面积达到7 300公顷，占到全国红树林面积的 40%，居全国首位。

空气环境方面，广西森林覆盖率 62.3%，植被生态质量和植被生态改善程度居全国首位；设区市环境空气质量年优良天数空气质量优良天数比例 93.5%，排名全国第二。

优美的生态环境造就了广西秀丽的自然环境景观，形成了如桂林国际旅游胜地、北部湾国际旅游度假区、巴马长寿养生国际旅游区等国际知名的旅游胜地和一些具有国际水准的高端旅游资源。目前，广西具有 AAAA 级以上景区 136 个，四星级以上乡村旅游区 71 个，国家生态旅游示范区 3 个，国家全域旅游示范区 10 个，智慧旅游试点

① 广西投资促进网：广西优势——资源优势，http://tzcjj.gxzf.gov.cn/tzgx/tzzn/gxgkzrjjqwd/t808945.shtml，2020-11-09.

城市 3 个，这些资源分布于广西的不同地区，成为广西吸引外来商客的重要因素①。

四是政策优势。广西同时享有民族区域自治政策、西部大开发政策、沿海地区开放政策和边境贸易政策。2008 年 1 月 16 日，国家批准实施《广西北部湾经济区发展规划》，指出要将北部湾经济区建设成为中国—东盟开放合作的物流基地、商贸基地、加工制造基地和信息交流中心，成为带动、支撑西部大开发的战略高地和开放度高、辐射力强、经济繁荣、社会和谐、生态良好的重要国际区域经济合作。

2009 年，国务院出台《国务院关于进一步促进广西经济社会发展的若干意见》，明确提出要将广西培育成我国沿海经济发展新的增长极和国际区域经济合作的新高地，并指出要加大中央财政转移支付资金、中央预算内投资对广西的投入力度，落实和完善相关税收政策，同时国务院有关部门要提出本部门支持广西经济社会发展的具体政策措施，完善相关规划。

2010 年 7 月，在北京召开西部大开发工作会议上，中央出台的《中共中央国务院关于深入实施西部大开发战略的若干意见》以及当时的党和国家领导人的讲话中，直接提到广西的就有 15 处，包括明确提出建设和完善临河至防城港等在内的“四纵”通道和东南亚等“四出境”国际通道等基础设施建设、重点在广西等西南部分地区开展石漠化综合治理的生态建设、建设和完善广西等石化基地的产业建设、推进广西北部湾等经济区发展建成具有全国影响的经济增长极等等，涵盖了广西发展各个领域，充分体现了中央对广西发展的极大关怀，为谱写富民强桂新跨越的华彩篇章注入了新的动力。

2017 年，国家发改委发布《西部大开发“十三五”规划》，对“十三五”时期西部大开发进行了全面部署，广西多个城市被纳入“五横两纵一环”西部开发总体空间格局。在明确提出的 10 个方面重点任务及重大工程中，有多项内容涉及广西铁路、高速公路、机场、运、港口、新兴产业、新能源、生物医药等多个行业建设。

在中央多项政策惠及广西的同时，党和国家领导人也非常重视广西的发展，2015 年 3 月，习近平总书记在参加十二届全国人大三次会议广西代表团审议时，要求广西要充分发挥与东盟国家陆海相邻的独特优势，构建面向东盟的国际大通道，打造西南中南地区开放发展新的战略支点，形成 21 世纪海上丝绸之路与丝绸之路经济带有机衔接的重要门户。2017 年 4 月和 2021 年 4 月，习近平总书记专门视察广西强调指出，广西发展潜力在开放，后劲也在开放，有条件在“一带一路”建设中发挥更大作用。习近平总书记这一系列有关广西的重要指示，为广西全方位参与“一带一路”建设，习近平总书记这一系列有关广西的重要指示，为广西全方位参与“一带一路”建设，全力实施更加积极主动的开放带动战略，不断开创广西开放发展新局面指明了方向②。

一、广西经济社会发展概况

广西坚定不移地走科学发展之路，加快调整经济结构和转变经济发展方式，充分

① 广西投资促进网：广西优势——生态优势，http://tzcjj.gxzf.gov.cn/tzgx/tzzn/gxgkzrjjqwd/t808943.shtml，2020-11-09.

② 广西投资促进网：广西优势——政策优势，http://tzcjj.gxzf.gov.cn/tzgx/tzzn/gxgkzrjjqwd/t808942.shtml，2020-11-09.

激发和调动全社会的创业积极性，工业化进程明显加快，经济社会保持良好发展，人民生活实现总体小康。广西壮族自治区人民政府出台的《广西壮族自治区国民经济和社会发展第十四个五年规划和2035年远景目标纲要（草案）》提出，“十四五”时期地区生产总值年均增长6.5%以上，财政收入年均增长5%，固定资产投资年均增长15%以上，社会消费品零售总额年均增长8%左右，进出口总额年均增长7%左右，粮食综合生产能力1 370万吨，完成国家下达的节能减排降碳目标，居民人均可支配收入年均增长6.5%，城镇调查失业率6.8%以内。

改革开放以来，广西各项事业得到全面发展。

一是经济实力明显增强。1978—2020年，经济总量从75.85亿元增加到22 156.69亿元，居全国第19位；人均GDP2020年达到24 562元；财政收入由1978年14.32亿元增加到2020年2 800.61亿元，年均增长14.6%。我国改革开放的不断深入以及“一带一路”建设的深入推进，带动了广西经济的较快发展。2016—2020年5年来，地区生产总值年均增长8.3%，保持高于全国平均水平。财政收入年均增长7.5%，固定资产投资年均增长16.3%，社会消费品零售总额连续15年保持两位数增长。

二是工业化进程加快推进。三大产业结构由1978年的40.9∶34∶25.1调整为2020年的14∶44∶42，工业占GDP比重提高到44%，实现了产业结构从农业主导型向工业主导型的重大转变。广西还将优化工业产业布局，依托北部湾经济区重点行业龙头企业，培育形成临港产业集群，加快企业“引进来”和“走出去”步伐，打造具有区域影响力的沿海石化、冶金、有色金属、电子信息、修造船、装备制造、林浆纸一体化等先进制造业基地。依托珠江—西江经济带开放发展，紧抓高铁经济带建设机遇，加快建设桂东承接国家产业转移示范区，引导汽车、机械、食品、钢铁、建材、家具等优势产业沿江、沿线布局发展。到2020年，广西工业化向中高端水平迈进，将实现先进制造业总产值占工业总产值比重逐步提高，高技术产业增加值占全区工业增加值比重15%，大中型企业研发投入占主营业务收入比重0.5%，两化融合发展水平指数达到75，规模以上单位工业增加值能耗较2015年下降16%的目标。

三是基础设施日臻完善。广西西南出海通道框架基本形成并已发挥重要作用，国际大通道及西部陆海新通道在加快建设。2004年以来，广西广西北部湾政府已投入100多亿元人民币用于沿海基础设施建设，大大完善了广西北部湾经济区沿海三市的路网结构，提高了港口吞吐能力、供水、供电能力和交通水平，经济区的通信系统也不断完善。2020年启动实施基础设施补短板交通网、能源网、信息网、物流网、地下管网“五网”建设三年大会战。重点推进2 817个项目建设，总投资2.2万亿元以上，三年计划投资1万亿元以上，其中2020年完成2 630亿元，2021年完成3 580亿元，2022年完成3 810亿元。

四是开放合作日益扩大。外贸进出口总额由1978年2.69亿美元增加到2020年3 862亿美元，其中外贸出口由2.49亿美元增加到2 122.8亿美元。中国—东盟博览会永久落户南宁，泛北部湾经济合作由共识走向实践，广西北部湾经济区发展规划获得国家批准实施，参与泛珠合作、西南协作及长三角、港澳台大湾区等的合作深化拓展，全方位对外开放格局基本形成。广西积极融入“一带一路”建设，与东盟等国际合作及粤港澳、泛珠三角、中南西南等国内合作全面深化，2016—2020年5年来，外贸进出口总额年均增长15%以上，而与东盟国家贸易年增速达16.5%。对外合作中，中新互联互通南向通道、中国—东盟信息港、中马“两国双园”、中越跨境经济合作区、粤桂合作特别试验区等开放平台及重点项目正加快建设。

二、2020年广西经济运行分析[①]

2020年，面对错综复杂的国际形势和新冠肺炎疫情的冲击，在以习近平同志为核心的党中央领导下，自治区党委、政府深入贯彻落实党中央、国务院决策部署，坚持稳中求进工作总基调，统筹疫情防控和经济社会发展工作，扎实做好“六稳”工作，全面落实“六保”任务，全区经济运行呈现加快恢复、巩固提升的良好势头。

（一）经济运行恢复态势巩固提升

根据地区生产总值统一核算结果，2020年全区生产总值（GDP）达22 156.69亿元，按可比价格计算，比上年增长3.7%。分产业看，第一产业增加值3 555.82亿元，比上年增长5.0%；第二产业增加值7 108.49亿元，比上年增长2.2%；第三产业增加值11 492.38亿元，增长4.2%。

（二）农业生产形势较好，主要经济作物收成良好

全年农林牧渔业增加值比上年增长5.0%，比前三季度加快1.3个百分点。全年粮食总产量1 370万吨，比上年增长2.9%。蔬菜及食用菌产量3 830.77万吨，增长5.4%；园林水果产量2 461.43万吨，比上年增长15.0%。全年猪牛羊禽肉产量371.3万吨，比上年增长0.1%。其中，禽肉、牛肉和羊肉产量分别为179.9万吨、13.6万吨和3.6万吨，分别比上年增长10.5%、9.8%和5.3%，猪肉产量174.1万吨，比上年下降9.4%。禽蛋产量26.7万吨，比上年增长6.4%。牛奶产量11.2万吨，比上年增长28.4%。生猪生产持续恢复，年末生猪存栏1 828.3万头，比上年末增长14.3%；其中能繁母猪存栏211.5万头，增长16.8%。水产品产量343.96万吨，比上年增长1.1%。

（三）工业生产明显加快，主要产品产量较快增长

全年规模以上工业增加值比上年增长1.2%，比前三季度加快2.3个百分点，其中12月份增长7.3%，创年内新高。分经济类型看，国有控股企业增加值比上年增长2.2%，股份制企业增长3.7%，外商及港澳台商投资企业下降5.8%。分轻重工业看，轻工业增加值比上年下降5.5%，重工业增长3.0%。分三大门类看，采矿业增加值比上年下降6.4%，制造业增长0.9%，电力、热力、燃气及水的生产和供应业增长5.5%。从主要行业看，39个行业大类中，有15个实现增长，十大重点行业中，六大行业实现增长。其中，黑色金属冶炼和压延加工业增加值比上年增长34.8%，有色金属冶炼和压延加工业增长21.9%，非金属矿物制品业增长10.6%，烟草制品业增长6.0%，电力、热力生产和供应业增长5.6%，木材加工和木、竹、藤、棕、草制品业增长5.4%。从主要产品看，重点监测的25种产品中，有18种产品产量实现正增长。其中，铝材产量比上年增长24.7%，钢材增长24.4%，化学药品原药增长13.7%，十种有色金属增长12.9%，氧化铝增长11.3%，发动机增长9.8%。1—11月，全区规模以上工业企业实现利润746.6亿元，同比增长11.9%，增速比1—10月加快3.4个百分点。

---

① 国家统计局广西调查总队：2020年广西经济运行情况，广西壮族自治区统计局网站，2021年1月20日。

（四）服务业平稳增长，新兴服务业发展势头良好

全年第三产业增加值比上年增长4.2%，比前三季度加快1.1个百分点。其中，金融业增加值增长6.8%，批发和零售业增长3.1%，其他服务业增长7.6%。全区铁路客货周转量比上年下降14.4%，降幅比前三季度收窄3.3个百分点；公路客货周转量增长0.5%，增速年内首次转负为正；水路客货周转量增长8.6%，增速比前三季度加快1.8个百分点。1—11月，全区规模以上服务业营业收入同比增长6.2%，其中，互联网和相关服务营业收入增长18.7 %，软件和信息技术服务业增长75.8%，租赁业增长56.8%，专业技术服务业增长43.2%，科技推广和应用服务业增长19.5%。

（五）市场销售持续恢复，民生类消费增势稳定

全年社会消费品零售总额比上年下降4.5%，降幅比前三季度收窄1.6个百分点。按经营单位所在地分，城镇消费品零售额比上年下降4.6%，乡村消费品零售额下降3.8%。按消费类型分，餐饮收入比上年下降6.4%，商品零售下降4.2%。在限额以上单位商品零售额中，粮油、食品类商品零售额比上年增长24.7%，书报杂志类增长14.7%，烟酒类增长4.6%，家具类增长1.8%，中西药品类增长1.3%，汽车类下降4.8%，石油及制品类下降16.1%。

（六）固定资产投资持续回升，高技术产业投资较快增长

全年固定资产投资比上年增长4.2%，比前三季度加快2.1个百分点。分领域看，基础设施投资增长12.9%，制造业投资增长4.2%，房地产开发投资增长0.8%。全区商品房销售面积6 729.02万平方米，比上年增长0.3%；商品房销售额4 251.47亿元，下降2.6%。分产业看，第一产业投资比上年增长9.9%，第二产业投资增长9.4%，第三产业投资增长2.6%。民间投资下降6.1%。高技术产业投资增长12.4%，快于全部投资增速8.2个百分点，其中高技术制造业和高技术服务业投资分别增长20.4%和4.4%。

（七）财政民生支出保障有力，金融信贷保持平稳运行

全年财政收入2 800.61亿元，比上年下降5.7%。其中，一般公共预算收入1 716.94亿元，下降5.2%。全区一般公共预算支出6 155.42亿元，比上年增长5.2%。全区民生支出4 943.95亿元，比上年增长5.4%，占一般公共预算支出的比重为80.3%。其中住房保障、农林水、社会保障和就业、卫生健康等领域支出分别增长35.6%、19.1%、12.1%和10.9%，均明显高于一般公共预算支出平均水平。

年末全区金融机构人民币各项存款余额34 515.57亿元，比上年末增长9.6%；人民币各项贷款余额34 738.99亿元，增长15.8%。全年新增人民币贷款4 750.47亿元，比上年多增1 022.95亿元。

（八）居民消费价格温和上涨，工业生产者价格小幅下降

全年居民消费价格（CPI）比上年上涨2.8%，涨幅比上年回落0.9个百分点。其中，城市上涨2.5%，农村上涨3.5%。分类别看，食品烟酒价格比上年上涨9.2%，医疗保健价格上涨5.5%，其他用品和服务价格上涨2.7%，教育文化和娱乐价格上涨0.5%；交通和通信价格下降4.0%，居住价格下降1.1%，生活用品及服务价格下降0.3%，衣着价格下降0.1%。12月份，全区居民消费价格同比上涨0.3%，环比上涨0.6%。

全年工业生产者出厂价格比上年下降0.6%，工业生产者购进价格下降1.5%。12

月份，工业生产者出厂价格同比上涨0.5%，环比上涨1.0%；工业生产者购进价格同比上涨0.2%，环比上涨0.6%。

（九）居民收入平稳增长，就业形势总体稳定

全年全区居民人均可支配收入24 562元，比上年名义增长5.3%，扣除价格因素实际增长2.4%。按常住地分，城镇居民人均可支配收入35 859元，比上年名义增长3.2%，扣除价格因素实际增长0.7%；农村居民人均可支配收入14 815元，比上年名义增长8.3%，扣除价格因素实际增长4.6%。城乡居民人均可支配收入比值为2.42∶1，比上年缩小0.12。全区居民人均可支配收入中位数19 823元，比上年名义增长3.9%。

全年全区居民人均消费支出16 357元，比上年名义下降0.4%，扣除价格因素实际下降3.1%。其中，城镇居民人均消费支出20 907元，名义下降3.2%；农村居民人均消费支出12 431元，名义增长3.2%。

全年城镇新增就业人数36.52万人，失业人员再就业人数10.24万人，就业困难人员实现就业人数6.30万人。农村劳动力转移就业新增人数84.12万人。年末城镇登记失业率2.77%，低于年度控制目标2.73个百分点。

总的来看，2020年广西经济持续保持恢复态势，稳就业、保民生取得积极成效。但疫情变化和外部环境存在诸多不确定性，广西经济全面恢复仍面临风险挑战。下一步，要全面贯彻落实党的十九届五中全会精神、广西壮族自治区党委十一届九次全会和广西经济工作会议精神，按照中央和自治区党委政府的各项决策部署，担当实干，扎实做好“六稳”工作，全面落实“六保”任务，推动经济持续健康发展，奋力实现“十四五”良好开局。

第三章 宏观经济运行形势分析实验

■教学目标

1. 掌握有关宏观经济核算理论。
2. 掌握分析宏观经济运行形势的主要方法。
3. 能够熟练应用宏观经济指标体系分析宏观经济运行形势。

第一节　宏观经济运行形势分析理论

宏观经济运行形势分析是根据经济运行各方面的内在联系，通过一系列经济指标判断经济总量的平衡状态，从而对宏观经济运行所处的状态做出准确的判断，并结合微观经济指标的分析对宏观经济运行的状况和质量进行评价，即围绕社会供求总量的平衡和国民经济增长的质量、内容进行分析与评价。

宏观经济运行包括两个重要方面：一是经济增长，二是总量平衡。经济增长是经济运行的结果；经济总量的平衡，也是社会总供给与社会总需求互为条件、互相适应、互相决定的连续运行的基本表现形式，因此，宏观经济形势分析就是通过分析社会总供给与社会总需求之间的关系，进而分析宏观经济运行和经济增长的过程。市场经济条件下，需求是决定经济运行特点的主导，因此对宏观经济形势的分析主要集中在对社会总需求变化特点以及与之相适应的社会总供给增长和经济增长的分析方面。

宏观经济形势分析中要使用的经济指标主要包括：

1. 反映社会总需求变化的指标

（1）社会消费品零售总额。社会消费品零售总额是国家统计局根据商业系统的销售额统计汇总的指标，其中又包括居民购买的消费品和社会集团购买的消费品两个项目。社会消费品零售总额是一项重要、敏感的政府统计指标，按月统计，定期发布，用以反映全社会包括居民和社会集团的消费情况。对这一指标的运用主要侧重其增长率，一般是与上年同期相比的增长率，有两种形式：一是按现价销售额计算的增长率，称为现价增长率；二是扣除物价指数的增长率，称为实际增长率。

（2）全社会固定资产投资额。全社会固定资产投资额是国家统计局根据投资项目的统计以及抽样调查的统计汇总的指标，其中可分为中央项目投资和地方项目投资，或城镇投资和农村投资，或第一产业投资、第二产业投资和第三产业投资，或国有投资和非国有投资，或东部地区投资、中部地区投资和西部地区投资，或内资企业投资、港澳台商投资和外商投资等，分别反映不同的投资主体、内容和不同的管理渠道投资的增长情况。

（3）对外贸易出口额。对外贸易出口额是海关总署统计司根据各海关出口统计汇总的指标，以美元为单位。实际使用中也主要侧重与上年同期相比的增长率。这一指标中也包括若干子项目，如初级产品出口、制成品出口、一般贸易和加工贸易等，分别反映对外贸易出口情况。以上是宏观经济形势分析中考察社会总需求情况的主要指标，再加上库存增加变动情况，即可反映社会最终需求情况。

2. 反映社会总供给变化的指标

（1）工业增加值及其增长速度。工业增加值及其增长速度是国家统计局根据工业企业报表逐级汇总的指标，主要反映规模以上工业发展状况，其中包括国有及国有控股企业、集体企业、股份制企业、外商及港澳台投资企业，或轻工业、重工业等。

（2）主要工业品产量。主要工业品产量是国家统计局根据工业生产报表逐级汇总的指标，分月公布，主要包括原煤、原油、发电量、汽车、移动通信手持机、微型电子计算机等的产量。

（3）主要农产品产量。主要农产品产量是国家统计局农村调查总队根据调查报表逐级汇总出来的指标，主要在半年和全年公布，包括粮食、油料、棉花、糖料、烤烟、茶叶、水果、蔬菜、肉、蛋、奶等产品产量。

（4）对外贸易进口额。对外贸易进口额是海关总署统计司根据海关进口统计汇总的指标，以美元为单位，分月统计。实际分析中也主要侧重于上年同期相比的增长率，包括一般贸易和加工贸易进口的增长情况等。以上是宏观经济形势分析中考察社会总供给情况的主要指标，再加上 GDP 的增长情况，即可反映社会最终供给情况。

3. 反映社会总供求情况的指标

反映社会总供求情况的指标，主要是价格指数和有关的库存指标。除此之外，实际分析中还经常使用财政和金融等方面的指标，如财政收入和支出的有关指标、货币供给量指标、城乡居民储蓄存款余额和增长率、贷款余额和增长率、中长期贷款余额和增长率、短期贷款余额和增长率等很多指标，目的是判断宏观经济调控政策的力度和效果。

第二节　宏观经济运行形势分析实验案例

一、2020 年上半年我国宏观经济运行形势分析

为对冲疫情影响，2020 年上半年我国货币政策宽松力度较大，财政政策更加积极有为，在“降息降准+赤字率提升+专项债扩容+特别国债发行”合力之下，基建和房

地产投资成为拉动我国经济复苏的主要动力。二季度以来我国经济运行逐月好转，流动性合理充裕，工业企业生产加快、利润改善，外贸进出口逐步回稳向好，物价及就业保持稳定，居民消费稳步改善和提高。

（一）2020 年上半年宏观经济运行状况

1. 国内生产总值

受疫情剧烈冲击，上半年 GDP 同比负增长。上半年，疫情防控形势、复工、复产、复商和复市情况是我国宏观经济增速变动的最主要影响因素。一季度，国内疫情集中爆发，严重冲击宏观经济供需两端，GDP 同比下降 6.8%。二季度，国内疫情得到有效控制，宏观经济进入修复性回升，呈现出生产回升、消费回补、投资加速态势，出口贸易也展现出超预期的韧性，当季 GDP 同比增速回升至 3.2%。但与此同时，由于海外疫情全面扩散，国内防疫措施尚未完全解除，上半年 GDP 实际同比下降 1.6%，弱于潜在增长水平。

2. 三次产业运行情况

（1）农业生产形势较好，夏粮再获丰收

上半年，农业（种植业）增加值同比增长 3.8%，增速比一季度加快 0.3 个百分点；其中，二季度增长 3.9%，比一季度加快 0.4 个百分点。全国夏粮总产量 14 281 万吨，比上年增加 121 万吨，增长 0.9%。农业种植结构持续优化，油菜籽等经济作物播种面积增加。上半年，牛奶产量同比增长 7.9%，禽蛋产量增长 7.1%。猪牛羊禽肉产量下降 10.8%，降幅比一季度收窄 8.7 个百分点；其中，禽肉产量增长 6.8%，增幅提高 5.7 个百分点；羊肉、牛肉、猪肉产量分别下降 2.5%、3.4%、19.1%，降幅分别收窄 5.2、3.0、10.0 个百分点。生猪产能持续恢复。二季度末，生猪存栏 33 996 万头，比一季度末增长 5.8%；其中，能繁殖母猪存栏 3 629 万头，同比增长 5.4%，比一季度末增长 7.3%。

（2）工业生产恢复较快，高技术制造业和装备制造业实现增长

上半年，全国规模以上工业增加值同比下降 1.3%，降幅比一季度收窄 7.1 个百分点；其中，二季度增长 4.4%，一季度下降 8.4%。6 月份，规模以上工业增加值同比增长 4.8%，增速比 5 月份加快 0.4 个百分点，连续 3 个月增长；环比增长 1.3%。上半年，分经济类型看，国有控股企业增加值同比下降 1.5%；股份制企业下降 0.8%，外商及港澳台商投资企业下降 3.4%；私营企业下降 0.1%。分三大门类看，采矿业增加值下降 1.1%，制造业下降 1.4%，电力、热力、燃气及水生产和供应业下降 0.9%，降幅分别比一季度收窄 0.6、8.8、4.3 个百分点。上半年，高技术制造业和装备制造业增加值同比分别增长 4.5%和 0.4%；其中 6 月份分别增长 10.0%和 9.7%。部分工程机械类和新产品产量增长较快。上半年，挖掘、铲土运输机械、集成电路、工业机器人、载货汽车产量同比分别增长 16.7%、16.4%、10.3%、8.4%。1-5 月份，全国规模以上工业企业实现利润 18 435 亿元，同比下降 19.3%，降幅持续收窄；其中，5 月份利润总额由 4 月份同比下降 4.3%转为增长 6.0%。6 月份，中国制造业采购经理指数为 50.9%，比 5 月份上升 0.3 个百分点，连续 4 个月位于临界点之上。

（3）服务业降幅缩小，现代服务业增势良好

上半年，第三产业增加值同比下降，降幅比一季度收窄 3.6 个百分点；其中，二季度增长 1.9%，一季度下降 5.2%。分行业看，上半年信息传输、软件和信息技术服

务业、金融业增加值分别增长 14.5%、6.6%；批发和零售业、住宿和餐饮业分别下降 8.1%、26.8%，降幅比一季度分别收窄 9.7、8.5 个百分点。上半年，全国服务业生产指数同比下降 6.1%，降幅比一季度收窄 5.6 个百分点；其中，6 月份增长 2.3%，比 5 月份加快 1.3 个百分点。1—5 月份，规模以上服务业企业营业收入同比下降 6.4%，降幅比 1—4 月份收窄 2.2 个百分点；其中，信息传输、软件和信息技术服务业增长 8.4%。6 月份，服务业商务活动指数为 53.4%，比 5 月份上升 1.1 个百分点。其中，铁路运输业、道路运输业、航空运输业、邮政业、电信广播电视卫星传输服务、互联网软件信息服务、货币金融服务、资本市场服务、保险业等行业商务活动指数位于 55.0%及以上。从市场预期看，服务业业务活动预期指数为 59.0%。

3. 固定资产投资：基建有序回暖，制造业修复较慢，房地产首个转正

投资降幅逐月收窄，稳步恢复。2020 年 1—6 月全国固定资产投资（不含农户）累计同比下降 3.1%，降幅较 1—5 月收窄 3.2 个百分点；经季节调整后，6 月环比增长 5.91%，相当于折年后增长 99.18%。二季度以来，国内复工复产进度继续加快；积极财政政策持续加力提效，政府债券发行再创新高；货币政策转向宽信用，央行出台直达实体经济的货币政策工具精准支持中小微企业，投资三大支柱均逐月恢复，但回升节奏有所错落。除制造业投资外，其余二者当月投资增速均已转正。

政策支持、项目赶工、资金到位拉动基建投资有序回暖。受政府债券发行和大规模社融增长支撑，二季度基建投资持续修复。1—6 月第三产业中的基础设施投资增速同比下降 2.7%，降幅较 1—5 月收窄 3.6 个百分点。季末财政支出力度加大、前期地方政府债券放量供应以及抗疫特别国债的启动发行为 6 月基建投资提供了支撑。不过，考虑到进入夏季后雨水较多影响施工进度，基建投资修复速度较 5 月略有减慢，经测算，6 月当月基础设施投资同比增长 6.8%，增速较 5 月回落 1.5 个百分点。

制造业投资修复速度相对较慢，延续低位徘徊。制造业投资二季度以来降幅逐月收窄，但仍未摆脱 10%以上较深降幅。1—6 月制造业投资同比下降 11.7%，降幅较 1—5 月收窄 3.1 个百分点；6 月当月同比下降 3.5%，较 5 月收窄 1.8 个百分点，在三大支柱中唯一当月增速尚未转正。随着国内疫情得到控制，除北京近期疫情小规模反复外，大部分省市加快了复工、复产步伐，国内需求延续改善。但由于海外疫情持续扩散，形势仍不明朗，外需仍处于收缩区间，同时二季度制造业产能利用率回升至 74.8%，仍低于上年同期 2.1 个百分点，制造业投资回暖步伐依然较慢。高技术制造业投资同比增长 5.8%，则成为上半年制造业投资结构中的亮点，其中医药制造业、计算机及办公设备制造业投资分别增长 13.6%、8.2%。

房地产投资率先转正。1—6 月房地产开发投资同比增长 1.9%，较 1—5 月回升 2.2 个百分点，为三大支柱唯一转正指标。6 月当月同比增长 8.5%，已连续四个月实现正增长，房地产作为我国经济增长“压舱石”作用不可忽略。主要指标继续向好。1—6 月商品房销售面积降幅收窄 3.9 个百分点至−8.4%，销售额降幅收窄 5.2 个百分点至−5.4%，6 月当月则均已连续 2 个月正增；房企竞逐热门城市热门地块，各线城市走势分化加剧，土地购置面积降幅继续大幅收窄至−0.9%，较前 5 个月收窄 7.2 个百分点，6 月当月增长 12.1%。开发进度加快。1—6 月新开工面积降幅收窄 5.2 个百分点至 7.6%，6 月当月增长 8.9%；施工面积增速提升 0.3 个百分点至 2.6%，6 月当月转为正增 11.4%。开发资金来源降幅收窄 4.2 个百分点至−1.9%，6 月当月继续 10%以上

增长。总体来看，疫情后，部分城市“四限”政策有所放松，流动性相对宽松，购房需求逐渐释放，市场稳定回暖。深圳、杭州、东莞、宁波等地市场热度较高，调控临时升级，引导市场回归理性，可见“房住不炒”底线不能碰。

4. 社会消费品零售：市场销售逐步改善，新型消费加快增长

6 月份，社会消费品零售总额 33 526 亿元，同比下降 1.8%（扣除价格因素实际下降2.9%，以下除特殊说明外均为名义增长），降幅比上月收窄 1.0 个百分点。其中，除汽车以外的消费品零售额 29 914 亿元，下降 1.0%。

1—6 月份，社会消费品零售总额 172 256 亿元，同比下降 11.4%。其中，除汽车以外的消费品零售额 155 869 亿元，下降 10.9%。

按经营单位所在地分，6 月份，城镇消费品零售额 29 052 亿元，同比下降 2.0%，降幅比上月收窄 0.8 个百分点；乡村消费品零售额 4 474 亿元，下降 1.2%，降幅比上月收窄 2.0 个百分点。1—6 月份，城镇消费品零售额 149 345 亿元，同比下降 11.5%；乡村消费品零售额 22 911 亿元，下降 10.9%。

按消费类型分，6 月份，商品零售 30 263 亿元，同比下降 0.2%，降幅比上月收窄 0.6 个百分点；餐饮收入 3 262 亿元，下降 15.2%，降幅比上月收窄 3.7 个百分点。1—6 月份，商品零售 157 648 亿元，同比下降 8.7%；餐饮收入 14 609 亿元，下降 32.8%。

按零售业态分，1—6 月份限额以上零售业单位中的超市零售额同比增长 3.8%，百货店、专业店和专卖店分别下降 23.6%、14.1%和 14.4%。

1—6 月份，全国网上零售额 51 501 亿元，同比增长 7.3%，比 1—5 月提高 2.8 个百分点。其中，实物商品网上零售额 43 481 亿元，增长 14.3%，占社会消费品零售总额的比重为 25.2%；在实物商品网上零售额中，吃类和用类商品分别增长 38.8%和 17.3%，穿类商品下降 2.9%。

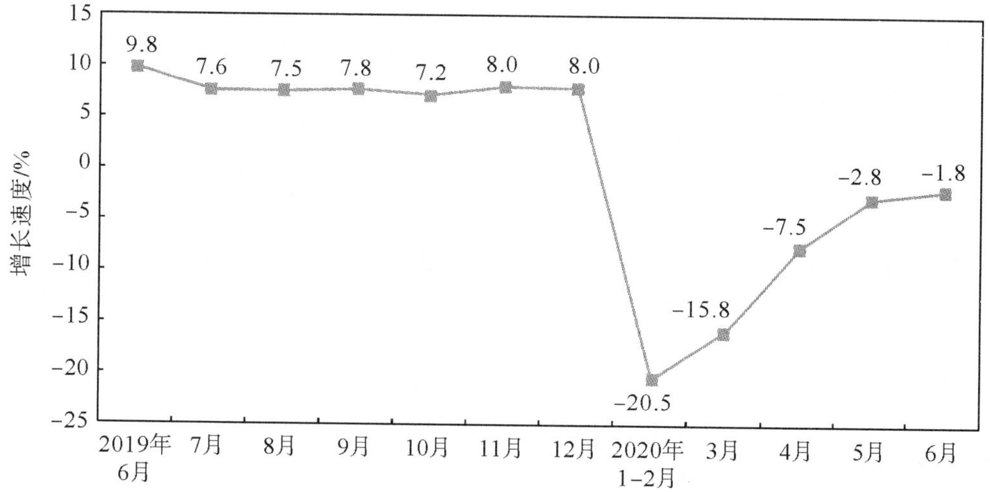

图 3-1　社会消费品零售总额分月同比增长速度

5. 食品价格逐渐趋稳，CPI 同比涨幅逐月回落

上半年 CPI 累计同比增速在 3.8%的高位，但涨幅较一季度下滑逾 1 个百分点。主因是在 CPI 中权重较大的猪肉和蔬菜价格下跌，带动食品 CPI 同比涨幅收敛。同时，受终端需求恢复缓慢、国际油价暴跌抑制的影响，非食品价格涨势也有所放缓。二季

度食品和非食品价格“剪刀差”有所收窄。

但6月CPI同比涨幅较5月小幅反弹，结束了连续三个月的大幅下行。背后原因是餐饮业复业加快、猪肉进口下降及南方多雨等带动食品价格上涨。同期非食品价格同比涨幅创下逾十年来的单月最低，显示疫情发生后消费市场需求不足正成为经济恢复的主要拖累。

国际大宗商品价格大跌，总需求偏弱，工业品通缩加剧。上半年PPI累计同比下跌1.9%，跌幅较一季度继续扩大。其中生产资料PPI累计跌幅明显高于整体，表明疫情对原材料和中上游工业品需求的冲击更直接，也有原油价格暴跌的下拉作用。下游生活资料价格则受食品、日用品等刚性需求支撑，同比维持正增长。

国内需求回暖，国际油价回升，PPI边际出现好转。二季度后期，国内基建、地产等相关建筑链条景气度回升支撑工业品价格回暖，加上供需两端积极因素带动国际油价反弹，带动PPI环比跌幅持续收敛，6月单月PPI环比由负转正，同比跌幅小幅收窄。

6. 我国外贸进出口逐步回稳向好，出口表现出较强韧性

以美元计价，上半年我国货物贸易进出口总值同比下降6.6%，降幅较一季度收窄1.9百分点。其中，出口额降幅较一季度收窄7个百分点，据测算，二季度我国出口贸易额同比增速小幅转正。主要原因有四个：首先，国内疫情得到控制后，复工复产加速，供应链逐步恢复，前期积压的出口订单得以集中出货。其次，以口罩及医疗仪器为代表的防疫物资出口高增，对整体出口增速产生提振作用。再次，二季度后全球疫情显著升温，国内疫情进入稳定控制阶段，受此影响我国出口的“替代效应”显现，数据显示，这段时间我国出口在美欧日市场中的占比均有不同程度的提高，而墨西哥、印度等其他新兴市场国家占比则有所下降。最后，近期各国经济陆续开始“带疫重启”，经济景气状况有所改观，短期内对我国出口有一定拉动作用。

进口金额降幅明显扩大，6月当月增速转正。一季度国内疫情集中爆发对进口的影响较小。但二季度以来，进口额降幅反而有所扩大。据测算，二季度我国进口贸易额同比下降近10%，降幅较一季度扩大近7个百分点。在国内经济重启，内需渐进改善背景下，进口额降幅反而扩大，一方面是由于海外疫情防控导致各国生产活动放缓，从供给端对国内进口形成制约；另一方面则是受大宗商品价格大跌拖累。值得一提的是，6月我国进口贸易量价齐升，进口额同比增速实现转正至2.7%，大幅超出预期，这与当月BDI指数大涨，以及国内PMI进口指数边际回升相印证。具体如图3-2所示。

7. 汇率

人民币汇率总体平稳，积极因素不断集聚。上半年，疫情全球蔓延推高市场避险情绪，全球实际利率走低，支撑美元指数总体偏强。与此相对应，人民币对美元汇率围绕“7”双向波动，显示出一定弹性。其间虽有贬值，但幅度不及同期美元指数升值幅度，也显示出较强韧性，CFETS指数走势则表现为先涨后跌再稳，累计小幅升值0.7%，与同期新兴市场的货币指数超11%的贬值幅度相比，体现出较强的稳定性。

上半年汇率波动主要受到国内外疫情防控形势对比、流动性对比、中美关系发展变化等因素的综合影响。但我国经济基本面长期向好的趋势为人民币汇率稳提供了坚实支撑，人民币资产的相对吸引力继续增强。

8. 社会融资规模与 M2 增速背离，财政支出需要加快

2020 年 8 月末，社会融资规模存量同比增长 13.3%，增速持续 6 个月攀升，主要与人民币贷款、政府债券等指标上升相关。后几个月地方债发行规模仍然较大，积极的财政政策仍有发力空间。

8 月末，M1 同比增长 8%，增速创下年内新高，表明实体经济流动性改善，活跃度提升。8 月末，M2 同比增长 10.4%，增速持续两个月放缓，主要是财政性存款同比多增，政府债券发行所得资金的投放存在时滞，财政资金下发节奏偏慢。如果后期财政支出增长加快，M2 增速仍有上行空间。如图 3-3 所示。

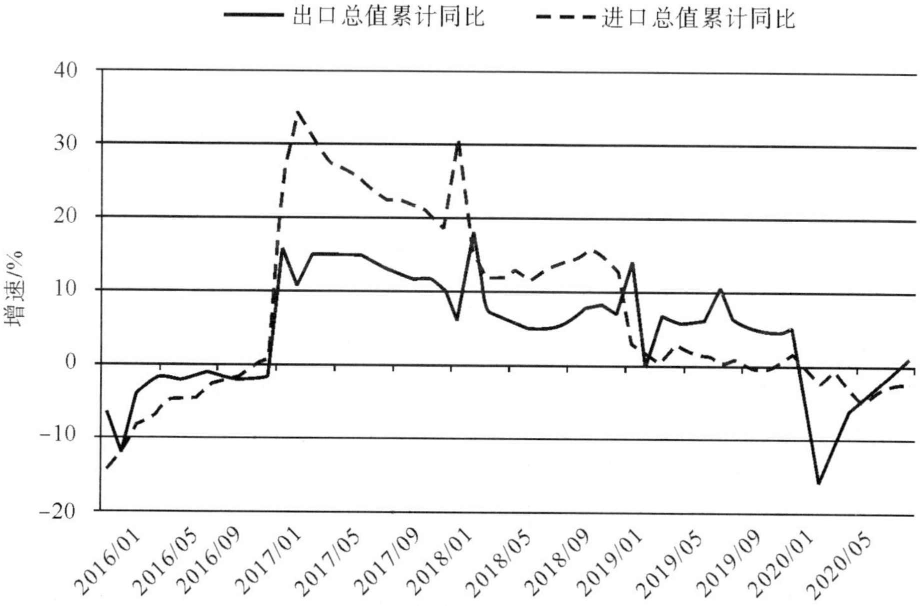

图 3-2 外贸进出口累计同比增速

二、2020 年下半年我国国内经济展望

政策方面，为对冲疫情影响，上半年我国货币政策宽松力度较大，今年以来央行已实施三次降准。下半年货币政策已开始随着经济的恢复逐步回归常态化，从超宽松步入结构性宽松。财政政策更加积极有为，在“赤字率提升+专项债扩容+特别国债发行”合力之下，下半年新老基建投资增速仍有望提升。从 7 月开始，已有超过 24 城发布累计 30 次楼市调控政策。央行、住建部曾在多个场合提及“坚持不将房地产作为短期刺激经济的手段”，预计“金九银十”房价温和上涨，后期房地产投资或平稳增长。

工业方面，工业生产目前总的来看还没有恢复到一个正常的状态，不少行业和企业目前还是比较困难，特别是一些中小企业，经营困难的问题还是比较突出。下一阶段，还是要继续坚持扩大内需，着力疏通产业循环，着力稳定产业链和供应链，促进工业经济稳定恢复。

物价方面，今年食品价格总体上将保持稳定，小幅变动是大概率事件。从全年来看，随着三、四季度 CPI 翘尾因素的回落，居民消费价格前高后低的态势比较明显。总的来看，居民消费价格会保持基本稳定。

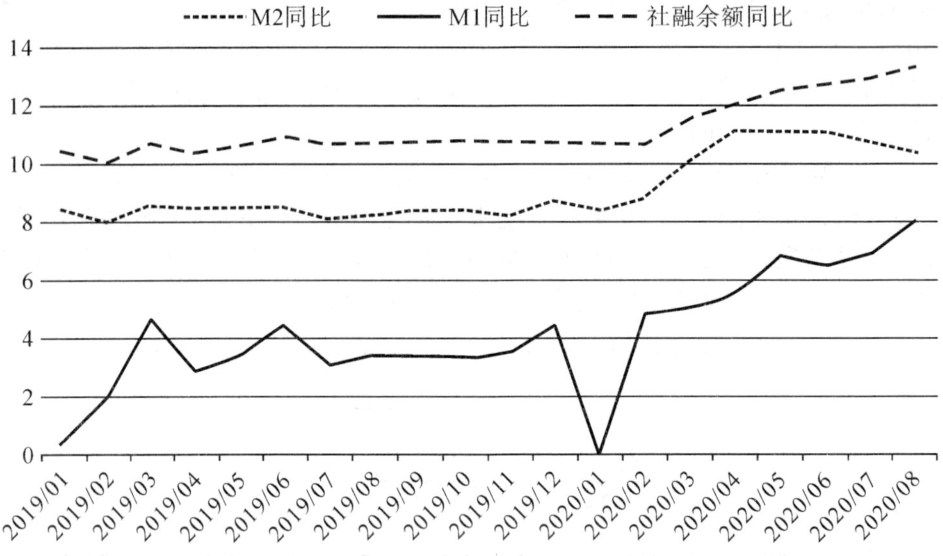

图 3-3　M1、M2 和社融增速

外贸方面，今年以来国务院出台的一系列稳外贸政策措施不断落地，政策效应持续释放。同时，国际市场需求局部回暖，我国外贸进出口逐步回稳向好。不过，当前全球疫情尚未得到全面有效控制，世界经济整体上复苏还是比较艰难，单边主义、保护主义上升，不确定、不稳定因素明显增多，我国外贸发展面临的形势依然严峻复杂。

总之，我国投资、消费、出口等各项经济数据继续向好，预计三、四季度国内经济有望实现 5%-6%的中高速增长。目前我国经济复苏主要靠基建和房地产投资拉动，但随着制造业利润的大幅反弹，制造业投资也会回升。同时，居民消费复苏相对滞后，数月内也将回到正常轨迹。值得警惕的是，钢铁业投资、生产增速均高于全部工业平均水平，供需矛盾有所显现。

第三节　宏观经济运行形势分析实验过程

一、实验目的

1. 掌握有关宏观经济核算理论。
2. 掌握分析宏观经济运行形势的主要方法。
3. 能够熟练应用宏观经济指标体系分析宏观经济运行形势。

二、实验安排

1. 实验时间安排：随堂实验或者是课后实验，2 学时。
2. 实验地点安排：多媒体教室或是专业实验室。
3. 实验组织安排：学生分 2 人一组，共同完成。也可学生单人独立完成。

三、实验准备

1. 知识准备：根据实验内容阅读《西方经济学（下册）》教材里有关宏观经济核算的相关章节，掌握基本概念和方法。

2. 场地准备：多媒体教室或是专业实验室。

3. 软硬件准备：互联网等信息技术软硬件教学设备，EVIEWS10.0 软件。

四、实验要求

1. 选择一个宏观经济观察主体（××国家/××省/××市），描述其宏观经济形势分析。

2. 用宏观经济理论说明宏观经济指标变化的趋势。

3. 描绘主要经济变量的变化趋势图。

4. 试用宏观经济理论分析宏观经济指标变化的原因。

5. 试用宏观经济理论预判经济运行趋势。

五、实验步骤：

1. 第一步：选取研究对象，收集宏观经济运行的相关数据。本实验涉及了宏观经济运行基本面的全部重要指标，特别是国内生产总值、三次产业运行情况、固定资产投资、消费、价格、外贸进出口、汇率、社会融资规模与 M2 等指标需要收集最新的数据，并结合前面对宏观经济综合分析指标体系的介绍，注意指标的动态变化过程。

2. 第二步：通过指标的水平及变化做出描述宏观经济形势的判断及结论。一是通过指标水平的变动为判断经济形势的好坏提供了重要依据，依据一个国家或地区的投资规模、工业产量、销售量、资本借贷量、物价水平、利息率、利润率与就业率等经济指标的变动判断整体经济处于哪一个阶段。二是各指标总水平作为反映宏观经济状况的重要经济变量，从变动的可能性而言，无非有三种：上升、下降和稳定。从实际变动情况看，在一个较长时期内，各指标总水平还应观察其长期趋势。

3. 第三步：绘制主要经济变量的变化趋势图。利用软件的绘图工具，绘制出主要经济变量的变化趋势图。时期跨度应包含至少十个经济期（如 2010—2020 年，2020 年 1 月-2020 年 10 月等）的指标数据，用平滑的曲线连接起来成为一段完整的变化趋势线，观察趋势线的特征并加以描述，特别关注趋势线走势变化的节点，下一步将对这些趋势突变的点进行原因分析。

4. 第四步：试用宏观经济理论分析宏观经济指标变化的原因。参照案例，结合宏观经济基本面和宏观经济国内外环境因素，试用宏观经济理论分析宏观经济指标变化的原因。如上文中“在国内经济重启，内需渐进改善，货币政策宽松力度较大，财政政策更加积极有为”等文字就是针对相关经济变量进行的原因阐述。

5. 第五步：试用宏观经济理论和前文的结论对经济运行趋势进行预判。如案例中的第二大部分对未来经济的展望，依据前面的分析，进一步对各项指标走势进行预判。

六、实验预期结果

1. 形成《××宏观经济运行形势分析实验报告》。

2. 通过网上练习，使学生能根据自己已经学习的宏观经济核算体系、宏观经济指标体系和宏观经济政策相关理论，分析实际经济运行形势。

3. 掌握用宏观经济指标体系分析宏观经济形势的基本方法。

第四章 菲利普斯曲线形态规律分析实验

■**教学目标**

1. 熟悉和掌握各学派关于菲利普斯曲线理论的主要观点。
2. 能够用图形描述宏观经济对象的菲利普斯曲线形态。
3. 分析并寻找该宏观经济对象的菲利普斯曲线形态变化的原因。

第一节 菲利普斯曲线形态规律分析理论

菲利普斯曲线的本义是关于货币工资变动率和失业率之间关系的一条曲线。1958年，当时在英国伦敦经济学院工作的新西兰经济学家菲利普斯（A. W. Philips）通过整理英国1861—1957年近一个世纪的统计资料，发现货币工资增长率和失业率之间存在一种负相关的关系，可表示为：

$$\Delta W_t = f(U_t)$$

ΔW_t表示t时期的货币工资增长率，U_t表示t时期的失业率。二者具有负相关的函数关系。由于工资是成本的主要构成部分，也是产品价格的主要构成部分，因此失业率与货币工资上涨率之间的关系可以表示为价格平均水平上涨率与失业率之间的变动关系。由于价格平均水平上涨率是衡量通货膨胀率的主要指标，这样菲利普斯曲线描述的关系便延伸为失业率与通货膨胀率的替代关系：失业率高时，通货膨胀率就低；通货膨胀率高时，失业率就低。失业率与通货膨胀之间存在反方向变动关系。

菲利普斯曲线一经产生，立刻引起西方国家政府的关注。至少该曲线的逻辑方法对西方国家的经济政策产生了影响。然而，失业率、通货膨胀率以及它们之间关系的现实发展，并不像该曲线所描绘的那么如意。例如美国在1954—1979年，失业率和通货膨胀率之间除了短期内呈现出某种反向变化的特征之外，它们的水平都是在不断提高的。20世纪70年代后期，美国经济甚至出现了前所未有的经济停滞和通货膨胀同时并存的滞胀现象。

菲利普斯曲线自问世以来，围绕它的争论从未平息。支持者力求对之做出新的解释。如萨缪尔森等人在维持菲利普斯所着力论证的失业与通货膨胀的替代关系的同时，明确否定了这种关系在量上的长期稳定性。

有学者则完全否定菲利普斯曲线的现实性，如哈耶克认为：在通货膨胀和失业之间并无选择，失业必然跟随着通货膨胀。货币主义者则以“自然失业率”学说否定菲利普斯曲线在政策上的有效性。如弗里德曼认为，长期的菲利普斯曲线是垂直的或近于垂直的。甚至凯恩斯学派的主将托宾也同意这一看法。

大多数人同意失业率和通货膨胀率在短期内是可能交替换位的，但这种关系在长期内几乎是不存在的。

第二节　菲利普斯曲线形态规律分析实验案例

本实验以我国 1978—1998 年的失业率和通货膨胀率的数据为例，绘制出我国 1978—1998 年的菲利普斯曲线，如图 4-1 所示。

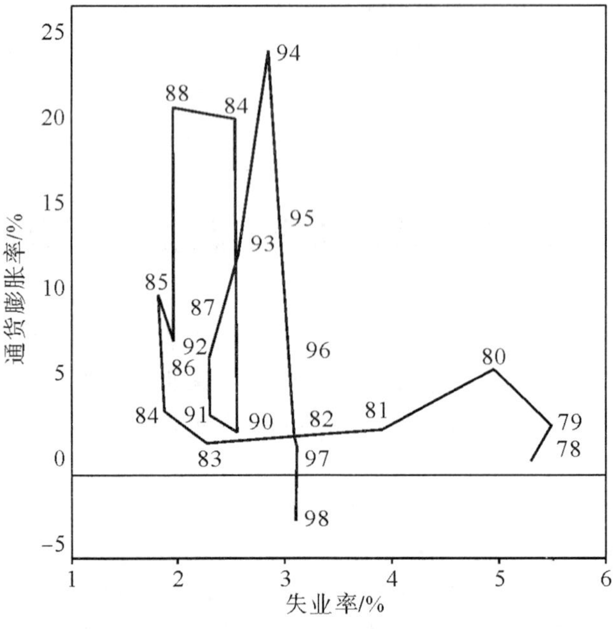

图 4-1　我国 1978—1998 年的菲利普斯曲线

图 4-1 描述了我国自经济体制转轨以来菲利普斯曲线的变动趋势。从图中可以看出，首先，中国转型期的菲利普斯曲线出现了以下几种情形：①斜率为负的菲利普斯曲线，即失业率与通货膨胀率之间相互交替关系，在 1979—1980 年、1983—1985 年、1985—1986 年、1990—1991 年、1994—1997 年出现过；②垂直的菲利普斯曲线，即失业率不变通货膨胀率上升或者下降的情形，在 1986—1988 年、1991—1992 年、1997—1998 年分别出现过；③正斜率的菲利普斯曲线，即失业率与通货膨胀率相互促进的情形，在 1978—1979 年、1992—1994 年分别出现过。除此之外，1980—1983 年、1989—1990 年还出现过失业率与通货膨胀率同时降低的情形，即失业率与通货膨胀率同时降

低的正斜率菲利普斯曲线。由此可见，中国经济转轨时期的菲利普斯曲线既不符合菲利普斯的相互交替曲线，也不符合弗里德曼的“自然率”假说与正斜率的相互促进关系。从短期上看，上述三种形式的菲利普斯曲线在我国经济体制转轨时期都曾出现过。此外，还出现了失业率与通过货膨胀率同时降低情形的正斜率菲利普斯曲线。

其次，从长期的菲利普斯曲线的运行轨迹上看，1980—1990 年、1990—1998 年出现了两个较不规则的周期性的环形曲线；而且，从菲利普斯曲线移动的过程来看，体现出呈顺时针方向的环形曲线运动。先经历了 1980—1983 年的失业率与通货膨胀率同时下降，过渡到 1983—1985 年失业率下降、通货膨胀率上升的相互交替，再经历 1985—1986 年的失业率上升、通货膨胀率下降的相互交替的波折，再回复到 1986—1988 年失业率不变、通货膨胀率上升，即垂直的菲利普斯曲线，接着转变为 1988—1989 年的失业率上升、通货膨胀率下降的相互交替，再过渡到 1989—1990 的失业率与通货膨胀率同时降低的正斜率的菲利普斯曲线，由此完成了第一个较不规则的环形曲线；第二个环形曲线自 1990 年开始，先经历 1990—1991 年的失业率下降通货膨胀率上升的相互交替，转变为 1991—1992 年的垂直的菲利普斯曲线，再转变为 1992—1994 年的失业率与通货膨胀同时上升的相互促进情形，再过渡到 1994—1997 年的失业率上升、通货膨胀率下降的相互交替，最后过渡到 1997—1998 年出现垂直的菲利普斯曲线。虽然到 1998 年菲利普斯曲线的趋势并未完结，但可以大致上看作是形成了第二个不太规则的环形曲线。因此，从上述分析可以看出，转轨时期我国菲利普斯曲线的变动符合长期菲利普斯曲线的环形曲线模型所揭示的菲利普斯曲线的变动规律。

当然，从图 4-1 中还可以看出，中国经济转轨时期菲利普斯曲线的环形曲线运动不太规则，出现了每一个环形曲线起始点年份与结束点年份失业率与通货膨胀率的偏差过大的特点。比如，1990 年与 1980 年相比较，失业率相差了 2. 4 个百分点，通货膨胀率相差接近 4 个百分点；1998 年与 1990 年相比较，失业率上升了 0. 6 个百分点，而通货膨胀率倒下降了 4. 7 个百分点，与工业国家相比较，环形曲线运动显得相当不规则。而且，在菲利普斯曲线的实际运行轨迹中，可以看出，1979—1984 年短短 5 年间，失业率骤然下降了 3. 5 个百分点；而 1984—1988 年、1991—1994 年通货膨胀率则骤然上升了 15. 7 个百分点和 18. 8 个百分点，1989—1990 年、1994—1998 年通货膨胀率则又下降了 15. 8 个百分点和 24. 3 个百分点。通货膨胀率的大起大落导致菲利普斯曲线的变化出现了“陡峭型变形”（刘树成，1998）。为什么会出现上述不规则程度加大和“陡峭型变形”的特点？这与中国的经济体制转轨及其进程密切相关。首先，从通货膨胀方面看，1984 年，中央决定放开大部分消费品价格，且生产资料价格也逐步放开；1988 年，实行“价格闯关”政策，全面放开消费品和生产资料的价格；1992 年，实行城市全方位的综合配套改革，都直接地导致了物价的上涨，并形成了转轨以来几个高通货膨胀时期；从失业方面看，作为一个发展中的人口大国，我国劳动力人口基数巨大，使得长期以来劳动力供给出现剩余，特别是农村存在大量剩余劳动力；而另一方面，我国长期推行的“充分就业”政策使得劳动力参与率极高，国有企业存在大量的冗员和隐性失业。随着体制改革的逐步深化，这些冗员和隐性失业人口必然地要被剥离出来，失业问题显性化，因而形成了转轨过程中的三次失业高峰。当然，大多数转轨国家在转轨初期都出现了失业率与通货膨胀率同时升高的现象，而我国的经济体制改革先由农村开始推行，从调整所有制结构和产业结构着手，解决了改革初期面临的严峻的失业问题，同时，价格管制使得通货膨胀率不但没有上升，反而稳中有降。因而，在经历了改革初期的失业率与通货膨胀率的双双同时下降之后，随着改革的深入，失业问题的显性化以及逐步放开价格管制的政策直接导致我国经济体制改革时期菲利普斯曲线的变形。因此，从某种意义上说，我国经济体制转轨时期的菲利普斯曲线的变化也体现出中国特色的转轨经济的特点。

第三节　菲利普斯曲线形态规律分析实验过程

一、实验目的

1. 熟悉和掌握各学派关于菲利普斯曲线理论的主要观点。
2. 能够用图形的形式描述宏观经济对象的菲利普斯曲线形态。
3. 分析并寻找该宏观经济对象的菲利普斯曲线形态变化的原因。

二、实验安排

1. 实验时间安排：随堂实验或者是课后实验，2 学时。
2. 实验地点安排：多媒体教室或是专业实验室。
3. 实验组织安排：学生分 2 人一组，共同完成。

三、实验准备

1. 知识准备：根据实验内容阅读《西方经济学（下册）》教材里有关菲利普斯曲线的相关章节，掌握基本概念和方法。

2. 场地准备：多媒体教室或是专业实验室。

3. 软硬件准备：互联网等信息技术软硬件教学设备，EVIEWS10. 0 软件。

四、实验要求

1. 选择一个宏观经济研究对象，画出其菲利普斯曲线。
2. 总结菲利普斯曲线变化的特点。
3. 分析菲利普斯曲线变化的原因。

五、实验步骤

1. 第一步：选择一个宏观经济研究对象（××国家/××省/××市），收集其至少二十个统计周期的失业率和通货膨胀率的数据，参考第二节的实验案例，运用绘图工具画出其菲利普斯曲线。并在曲线上标注年份数据，以便后文进行关于菲利普斯曲线变化的特点分析。

2. 第二步：总结菲利普斯曲线变化的特点。依据所绘制的菲利普斯曲线进行曲线变化的特点的分析和总结，包含以下三个方面的内容：一是分析短期菲利普斯曲线的不同情形，如正斜率、负斜率、垂直或者水平等形态，并进行归类，即哪些年份期间出现过正斜率，以此类推。二是分析长期菲利普斯曲线的运行轨迹。如顺时针旋转、逆时针旋转、向右上方平移等等运动轨迹，并进行归类，即哪些年份期间出现过顺时针旋转的轨迹，以此类推。三是进行长期的失业率和通货膨胀率的纵向比较，如案例中“1990 年与 1980 年相比较，失业率相差了 2.4 个百分点，通货膨胀率相差接近 4 个百分点；1998 年与 1990 年相比较，失业率上升了 0.6 个百分点，而通货膨胀率倒下降了 4.7 个百分点”的分析内容及结论。

3. 第三步：分析菲利普斯曲线变化的原因。根据第二步描述的总结菲利普斯曲线变化的特点，对菲利普斯曲线产生变化的宏观经济背景和因素进行分析，即从通货膨胀方面和从失业方面来看，分别根据当时的宏观经济政策调控和宏观经济运行背景来进行分析。

六、实验预期结果

1. 撰写《××地区菲利普斯曲线形态分析实验实验报告》。

2. 通过网上练习，使学生能根据自己已经学习的有关失业率、通货膨胀率和菲利普斯曲线的理论，分析实际经济问题；

3. 掌握用图形分析经济问题的基本方法。

第五章 经济增长中的需求贡献测度实验

■教学目标

1. 掌握有关经济增长理论、总需求理论、贡献度及贡献率公式。
2. 掌握国民经济核算支出法统计原理与方法。
3. 能够用数量经济学的方法计算经济增长中各类需求贡献度及贡献率。

第一节 经济增长中的需求贡献测度理论

贡献率是分析经济效益的一个指标。它是指有效或有用成果数量与资源消耗及占用量之比，即产出量与投入量之比，或所得量与所费量之比。计算公式：

贡献率（%）= 贡献量（产出量，所得量）/投入量（消耗量，占用量）×100%

贡献率也用于分析经济增长中各因素作用大小的程度。

在经济增长需求贡献分析中，首先明确两个概念：需求贡献率和需求贡献度。需求贡献率是指在一定时间内某一最终需求因素对改期国内生产总值增长速度的贡献百分率。比如某一年度，我国的 GDP 增长 8. 8%，其中 58. 8%是通过最终消费需求实现的，则 58. 8%就是该年度最终消费需求对经济增长的贡献率。需求贡献度是指在一定时间内某一最终需求因素对该国内生产总值增长速度的贡献百分点。比如某一年度，我国的 GDP 增长 8. 8%，其中最终消费需求增长使经济增长了 5. 17 个百分点，则 5. 17 就是该年度最终消费需求对经济增长的贡献度。

从经济学原理上讲，在一定时期内，国民经济的生产、分配和支出额应该是相等的，即国内生产总值按生产法、收入法和支出法计算，其值是相等的。经济增长的需求贡献分析，就是从最终支出的角度对国内生产总值进行经济分析。从支出法看，国内生产总值等于各种最终需求之和，国内生产总值增量等于各种最终需求的增量之和。假定一经济系统中有 m 种最终需求，用 di 表示第 i 种最终需求，Y 为国内生产总值，r 为经济增长率，则有关系式：

$$r_t = \frac{y_t - y_{t-1}}{y_{t-1}} = \frac{d_t^1 - d_{t-1}^1}{y_{t-1}} + \cdots + \frac{d_t^i - d_{t-1}^i}{y_{t-1}} + \cdots + \frac{d_t^m - d_{t-1}^m}{y_{t-1}}$$

第 i 种最终需求的贡献度为：

$$w_t^i = \frac{d_t^i - d_{t-1}^i}{y_{t-1}}$$

第 i 种最终需求的贡献率为：

$$q_t^i = \frac{w_t^i}{r_t} = \frac{\frac{(d_t^i - d_{t-1}^i)}{y_{t-1}}}{r_t} = \frac{d_t^i - d_{t-1}^i}{y_t - y_{t-1}}$$

在我国的国民经济核算中，一般以生产法国内生产总值数据为准，支出法国内生产总值（从需求角度计算）往往与之不同。二者之间的差额为统计误差。设 d 为支出法国内生产总值，e 为统计误差，假定统计误差全部是由最终需求产生的。则有 $y=d+e$，

$$r_t = \frac{y_t - y_{t-1}}{y_{t-1}} = \frac{d_t - d_{t-1}}{y_{t-1}} + \frac{e_t - e_{t-1}}{y_{t-1}}$$

由于统计误差很难把握，为了便于测度，先考虑支出法国内生产总值增长率，记为 σ，则有 $\sigma_t = \frac{d_t - d_{t-1}}{d_{t-1}} = \frac{d_t^1 - d_{t-1}^1}{d_{t-1}} + \cdots + \frac{d_t^m - d_{t-1}^m}{d_{t-1}}$。

第 i 种最终需求的支出法贡献度为：$\sigma_t^i = \frac{d_t^i - d_{t-1}^i}{d_{t-1}}$。

第 i 种最终需求的支出法贡献率为：$u_t^i = \frac{\sigma_t^i}{\sigma_t}$。

为了把经济增长率 rt 与之结合起来，我们把 $u_t{}^i$ 看作第 i 种最终需求对经济增长的贡献率，把经济增长率 rt 与 uti 的乘积（$vit=rt\times uti$）看作第 i 种最终需求对经济增长的贡献度。按照以上分析，在进行经济增长中需求贡献测度时，一般按以下步骤进行：首先，根据支出法国内生产总值的有关数据，计算国内生产总值和最终需求个组成部分的年度实际增量；其次，计算总需求各个组成部分年度实际增长额占当年 GDP 实际增长的比重，各自的比重即为该需求组成部分对年度经济增长的贡献率；第三，计算总需求各个组成部分年度实际增长额占当年 GDP 实际增量的比重与年度实际经济增长率的乘积，其结果即为该需求组成部分对年度实际经济增长率的贡献度。

消费需求作为最终需求，对经济增长起着直接和最终的决定作用。在市场经济条件下，我国经济增长的主要约束已经由短缺经济时代的供给约束转变为需求约束，决定生产规模和投资规模的主要因素转变为市场需求规模。从社会再生产来看，投资需求不过是中间需求，只有消费才是社会再生产的终点和新的起点。消费需求在某种意义上决定着投资需求和总需求。特别是从中长期来看，没有消费需求支撑的投资将成为无效投资，而无效投资是无法保证国民经济持续快速协调健康发展的，这一点已为我国多年的实践所证明。

第二节　经济增长中的需求贡献测度实验案例

改革开放以来，内需一直是拉动我国经济增长的核心力量。随着市场化改革的深入，中国经济运行由主要受供给约束逐步转向受需求约束，需求对经济增长的贡献逐步引起了社会各界的重视，国内学术界对经济增长中需求贡献的测度进行了初步研究。但由于测度方法、数据处理等方面的不同，对经济增长中需求贡献的测度结果各异。本实验根据各年《中国统计年鉴》资料，利用前面的测度方法，计算出 1991—1998 年各需求要素对经济增长的贡献度和贡献率，如表 5-1 和表 5-2 所示。

表 5-1　按可比价格计算的需求贡献率　　单位：%

年份	消费	投资	净出口
1991	57.12	17.82	25.06
1992	56.68	25.79	17.53
1993	35.62	47.91	16.47
1994	41.54	58.15	0.31
1995	48.99	70.89	-19.88
1996	56.33	32.76	10.91
1997	41.09	19.96	38.95
1998	49.94	22.34	27.72

表 5-2　按可比价格计算的需求贡献度　　单位：%

年份	GDP 增长率	消费	投资	净出口
1991	9.2	5.25	1.64	2.31
1992	14.2	8.05	3.66	2.49
1993	13.5	4.81	6.47	2.22
1994	12.6	5.23	7.33	0.04
1995	10.5	5.14	7.44	-2.09
1996	9.6	5.41	3.14	1.45
1997	8.8	3.62	1.76	3.42
1998	7.8	3.90	1.74	2.16

结论：考察期内，经济增长中的需求贡献以内需为主，外需具有很大的波动性，有些年份甚至为负。就需求消费而言，以可比价格计算的数值中，1997 年净出口的贡献率严重高估，主要是因为应用固定资产投资价格指数导致投资严重低估造成，并不能完全反映实际经济的运行状况。从可比价格需求贡献率看，投资的需求贡献率先升后降，表现出顺周期的特征；消费的需求贡献率有起伏，表现出一定的逆周期特征；

1993 和 1994 年消费贡献率较低，说明消费者趋于理性，没有发生 1988 年那样的抢购风潮。

在拉动经济增长的三驾马车中，消费需求对经济增长的贡献最大。从需求角度看，拉动经济增长的因素有消费、投资和净出口三大块。对于三者在经济增长中所起的作用，多年来人们的直观印象似乎是投资对经济增长的作用最大，理由是我国每次经济的繁荣和高涨都与投资规模膨胀密切相关。但实证研究表明，消费需求对经济增长的贡献率大大超过投资需求和出口需求，是拉动经济增长的最主要因素。我国改革开放以来，消费需求对经济增长贡献率的平均值约为60%（近几年降至50%左右），而世界平均水平约为 75%，其中美国、英国、德国等发达国家达到 80%。

第三节　经济增长中的需求贡献测度实验过程

一、实验目的

1. 掌握有关经济增长理论、总需求理论、贡献度及贡献率公式。
2. 掌握国民经济核算支出法统计原理与方法。
3. 能够用数量经济学的方法计算经济增长中各类需求贡献度及贡献率。

二、实验安排

1. 实验时间安排：随堂实验或者是课后实验，2 学时。
2. 实验地点安排：多媒体教室或是专业实验室。
3. 实验组织安排：学生分 2 人一组，共同完成。也可学生单人独立完成。

三、实验准备

1. 知识准备：根据实验内容阅读《西方经济学（下册）》教材里有关经济增长、需求支出、需求贡献测度等的相关章节，掌握基本概念和方法。
2. 场地准备：多媒体教室或是专业实验室。
3. 软硬件准备：互联网等信息技术软硬件教学设备，EVIEWS10. 0 软件。

四、实验要求

1. 选择一个宏观经济研究对象，统计其总需求各个组成部分年度实际增长额。
2. 用数量经济学的方法计算经济增长中各类需求贡献度。
3. 试用经济增长和总需求理论，结合计算结果说明统计期内经济增长中各类需求贡献情况。
4. 试归纳需求结构演变的特点。
5. 试结合统计期内宏观经济运行状况分析需求结构变化的原因。

五、实验步骤

1. 第一步：选择一个宏观经济研究对象，根据支出法国内生产总值的相关数据，计算国内生产总值和最终需求各个组成部分的年度实际增长额。这里需要注意的是，从支出法看，国内生产总值等于各种最终需求之和，国内生产总值增量等于各种最终需求的增量之和。

2. 第二步：用数量经济学的方法计算经济增长中各类最终需求贡献率。理论中提供了两种思路和对应的公式。第一种是运用经济增长中的需求贡献度测度理论中提供的公式进行计算经济增长中各类最终需求贡献率。即计算总需求各个组成部分年度实际增长额占当年 GDP 实际增长量的比重，各自的比重即为该需求组成部分对年度经济增长的贡献率。第二种思路及公式主要是考虑了国民经济核算中生产法和支出法国内生产总值（从需求角度计算）之间的差额为统计误差。在进行计算时，国内生产总值和最终需求都是按不变价格计算的。若不考虑价格因素，在计算时直接用现价的有关数据，推算结果会有较大偏差，甚至结果相反。

3. 第三步：用数量经济学的方法计算经济增长中各类最终需求贡献度。理论中提供了两种思路和对应的公式。第一种是运用经济增长中的需求贡献度测度理论中提供的公式进行计算经济增长中各类最终需求贡献度。即计算总需求各个组成部分年度实际增长额占当年 GDP 实际增量的比重与年度实际经济增长率的乘积，其结果即为该需求组成部分对年度实际经济增长率的贡献度。第二种思路及公式主要是考虑了国民经济核算中生产法和支出法国内生产总值（从需求角度计算）之间的差额为统计误差。同样在进行计算时，国内生产总值和最终需求都是按不变价格计算的。若不考虑价格因素，在计算时直接用现价的有关数据，推算结果会有较大偏差，甚至结果相反。

4. 第四步：结合计算结果说明统计期内经济增长中各类需求贡献情况，并归纳需求结构演变的特点。如案例中“从可比价格需求贡献率看，投资的需求贡献率先升后降，表现出顺周期的特征；消费的需求贡献率有起伏，表现出一定的逆周期特征”等文字描述的内容和结论。

5. 第五步：试结合统计期内宏观经济运行状况分析需求结构变化的原因。对需求结构产生变化的宏观经济运行背景和因素进行分析，同时对研究的宏观经济主体对象的经济结构变化和经济转型过程加以分析。

六、实验预期结果

1. 撰写完成《××地区经济增长中的需求贡献度测度实验实验报告》。

2. 通过网上练习，使学生能根据自己已经学习的有关经济增长理论、总需求理论、贡献度及贡献率公式的理论，分析实际经济问题。

3. 掌握用数量经济学和统计学分析经济问题的基本方法。

第六章 公众存款积极性指标分析实验

■教学目标

1. 掌握货币理论、广义与狭义货币供给量的相关理论。
2. 能够用统计学的方法核算考察期内各层次货币供给量。
3. 掌握分析公众存款积极性问题的方法。

第一节 公众存款积极性指标分析理论

货币被定义为在商品、服务及债务的支付过程中，被广泛接受的东西。有许多东西都可以充当此角色，历史上曾出现过牲畜、贝壳、金银，纳粹集中营里的香烟……，等等。货币的最基本的功能是为了降低交易费用。在现代社会，公众手中的钞票和硬币肯定应该是货币，因为在支付中它们被广泛地接受。另外，我们也常见有人使用银行卡来刷卡消费，当然前提是你的银行卡上有钱。这在经济学中经常被称为活期存款，又称支票存款。把以上两项加起来便得到狭义货币供给量：M1＝现金+活期存款（支票存款）。

定期的储蓄存款，向银行支付一定的补偿金后，可以支取此部分资金，因此，就其流动性和能被广泛接受而言，应次于 M1，但也应属于货币之列。这便是更广泛意义上的货币供给量 M2：

M2＝M1+储蓄存款+定期存款

此外，更广义的货币实际上还包括其他短期流动资产如国库券、银行承兑汇票、商业票据等。国库券是指由国家发行，代表一定债务关系的价值凭证。国库券依靠强大的国家信用而被广泛接受，几乎所有人都认为国家一定会讲信用。同样，经过资金和实力雄厚的主体如银行、证券公司以及企业等机构的保证在其见到后支付的票据凭证也会被广泛地接受，也应属于货币之列。

总结一下，按照流动性大小，货币可以划分为如下各个层次：

M0＝流通中的现金

M1＝M0+支票存款

M2＝M1+活期存款和定期存款

M3＝M2+其他短期流动资产

现金漏损率是一个反映公众存款积极性的一个指标，如果公众觉得把钱存入银行有很多好处，则这个指标就会上升；如果公众觉得把钱存入银行存在很多不便利或者风险，这个指标就下降。

现金漏损率 k＝现金/支票存款

例如，我们可以从经济学的基本原理出发，分析推测我国现金漏损率的变化趋势（即推出理论假说），并验证分析结果是否正确。推出理论假说和可验证的含义：金融开放、技术进步等会降低公众存款的成本和风险，提高存款的收益，从而提高公众存款的积极性，降低现金漏损率。而金融开放和技术进步是事实，所以，可以推测：我国现金漏损率会呈现逐步下降的趋势。

第二节　公众存款积极性指标分析实验案例

本实验采用下列我国 2010—2019 年官方公布的统计数据 M0 和 M1，如表 6-1 所示。现金漏损率是依据上述定义公式计算出来的。

表 6-1　我国的 M0 和 M1

年份	M0	M1	现金漏损率
2010	44 628. 2	266 621. 5	0. 201 0
2011	50 748. 5	289 847. 7	0. 212 2
2012	54 659. 8	308 664. 2	0. 215 2
2013	58 574. 4	337 291. 1	0. 210 2
2014	60 259. 5	348 056. 4	0. 209 4
2015	63 216. 6	400 953. 4	0. 187 2
2016	68 303. 9	486 557. 2	0. 163 3
2017	70 645. 6	543 790. 1	0. 149 3
2018	73 208. 4	551 685. 9	0. 153 0
2019	77 189. 5	576 009. 2	0. 154 7

计算结果表明，如表 6-1 显示：2010—2019 年，我国的现金漏损率呈现逐年下降的趋势，与理论推测的含义相符。

第三节　公众存款积极性指标分析实验过程

一、实验目的

1. 掌握货币理论、广义与狭义货币供给量的相关理论。
2. 能够用统计学的方法核算考察期内各层次货币供给量。
3. 掌握分析公众存款积极性问题的方法。

二、实验安排

1. 实验时间安排：随堂实验或者是课后实验，2 学时。
2. 实验地点安排：多媒体教室或是专业实验室。
3. 实验组织安排：学生分 2 人一组，共同完成。

三、实验准备

1. 知识准备：根据实验内容阅读《西方经济学（下册）》教材里有关货币理论、广义与狭义货币供给量相关章节，掌握基本概念和方法。

2. 场地准备：多媒体教室或是专业实验室。

3. 软硬件准备：互联网等信息技术软硬件教学设备，EVIEWS10.0 软件。

四、实验要求

1. 选择一个宏观经济研究对象，统计核算其考察期内各层次货币供给量。
2. 计算考察期内现金漏损率。
3. 试用宏观经济理论分析推测现金漏损率的变化趋势。
4. 比照现金漏损率计算结果，验证上述分析推测的结论。

五、实验步骤

1. 第一步：选择一个宏观经济研究对象，统计核算其考察期内各层次货币供给量。并填写表格 6-2。

表 6-2　我国的 M0 和 M1　　单位：%

年份	M0	M1	现金漏损率

2. 第二步：计算考察期内现金漏损率。利用前述公式计算统计核算其考察期内的现金漏损率，将表 6-2 填写完整。

3. 第三步：试用宏观经济理论分析推测现金漏损率的变化趋势。根据表格最后一列现金漏损率的数据，判断其变化的趋势。

4. 第四步：比照现金漏损率计算结果，验证上述分析推测的结论，并试分析是哪些原因导致公众存款的积极性的提高，为金融政策的制定提供支撑。

六、实验预期结果

1. 撰写完成《××地区公众存款积极性指标分析实验报告》。

2. 通过网上练习，使学生能根据自己已经学过的有关货币理论、广义与狭义货币供给量相关理论，分析实际经济问题。

3. 掌握用数量经济学验证理论假说的基本方法。

第七章 资金流量过程和结果分析实验

■教学目标

1. 掌握有关货币供给量、货币需求量、资金流量核算的相关理论。
2. 能够用金融相关理论分析宏观经济的资金流量过程。
3. 掌握分析货币需求量的数量分析方法。

第一节 资金流量过程和结果分析理论

金融是国家宏观调控的中心，国家在利用金融手段对宏观经济进行调控时，必须对全社会的资金运动情况了如指掌，这是保证宏观调控政策科学性与有效实施的前提。而资金流量核算是全面调节国民经济运行中的货币资金流动的有效手段，因此，宏观金融统计分析首先是对资金流量过程与结果的统计分析，在此基础上对全社会的货币供应量与需求量、金融结构进行统计分析，了解我国金融发展情况和金融在经济增长中所起的作用以及存在的问题。这对于适时出台宏观调控政策如货币政策，判断和衡量宏观调控政策的执行效果，预测可能出现的问题并相应制定和调整宏观调控政策具有重要的意义。

一、资金流量核算的内容和特点

商品经济运动是价值运动和使用价值运动的矛盾统一体，就像一张钞票的两面。资金流量核算正是从价值角度，通过观察社会资金运动来描述国民经济运行的一种经济分析方法。

资金流量核算所说的资金，指的是在国民经济运行中处于运动状态的全部价值，具有金融资金、生产资金、商品资金三种形态，表现为货币资金、信用资金和商业资金三种形式的统一。简言之，既包括实物资金，又包括金融资金。实物资金运动与金融资产增减无关，包括收入、分配、再分配、消费、投资等；金融资金运动反映金融资产的增减，包括货币、存款、贷款与债券等。

资金流量核算是按照国内生产总值（或国民生产总值）的基本分配顺序来设置的。国内生产总值经过初次分配形成各部门的原始收入；各部门原始收入经过财政收支、保险收支、转移收支等非金融再分配，形成各部门的可支配总收入，即各部门实际可以支配的总收入；各部门可支配收入首先要用于消费、余下的便是储蓄；各部门还要用自己的储蓄去进行投资，有的部门储蓄大于投资，是资金盈余部门，有的部门储蓄等于投资，是资金持平部门，有的部门储蓄小于投资，是资金短缺部门。

出于追求货币增值和利润的本能，资金盈余部门会自觉地将自己多余的资金投放到金融市场，去获取利息。资金短缺部门会自觉地走入金融市场去筹集自己所需资金，这就是金融再分配。通过金融再分配，各部门的资金供求达到平衡，形成各部门可实际用于消费和积累的最终收入。在开放状态下，一个国家资金的余缺，是通过国际金融市场来调剂的，资金流量核算还要反映与国外的资金往来。

二、资金流量核算的范围类型

由于各国经济运行机制、管理方式及金融市场发育程度不同，各国资金流量核算的范围也有所不同。概括起来说，国际上资金流量核算的范围大致有三种情况：

1. 只核算金融交易，不核算实物交易

统计组织和管理系统比较松散的国家大多采用这种资金流量核算方式。由中央银行独立的编制和发表资金流量表，政府统计部门不再加工、整理。这种资金流量表的优点在于货币银行统计资料完整，编表时间短，一般是按季编制，实用性很强。其缺点是与国民经济其他核算协调性差，它的部门划分是直接使用金融统计的分类方法，与一般国民经济分类差别很大；它的资金运用的来源也缺乏与实物交易中的消费与投资之间的紧密联系。因此，这种资金流量表的作用显得非常有限，主要是用于金融系统自身的决策所需。但是，在市场经济高度发达的情况下，由于金融市场的状况已经能够在相当大程度上反映国民经济的运行，为了提高统计资料的时效性和便于及时决策，条件成熟的市场经济国家在编制综合性的资金流量表的同时，也大都按季编制这种只反映金融交易的资金流量表。

2. 既核算金融交易，又核算实物交易中的总储蓄和实物投资

这种资金流量表，有的国家由中央银行先编制，再由国家统计部门做一些技术处理与调整，或由中央银行直接按照国家统计部门的要求编制；有的国家直接由国家统计部门来编制。这种资金流量表使实物交易和金融交易紧密联系起来，很好地解决了资金流量核算同国民经济其他核算之间的协调问题。这种资金流量表一般运用于经济货币化程度较高、金融市场高度发达和国民经济核算比较成熟的国家，是西方发达国家普遍采用的表式，一般按年编制。

3. 既核算金融交易，又核算非金融交易

以 GDP 作为核算的初始流量，既核算金融交易，又核算包括收入分配、再分配、消费及实物投资的非金融交易。

这种资金流量表是通过观察社会分配来了解社会资金的流量和流向以及各部门资金余缺的调剂情况。我国现行的资金流量核算采用的就是这种表式。

三、资金流量核算的部门分类

国民经济的部门划分包括机构部门分类和活动部门分类两种。资金流量核算涉及的是机构部门分类。即对收入的取得和支配、资金的筹集和资产的运用等只有决策权的主体所进行的分类。也就是说机构单位都是具有实务决策权的单位。在资金流量核算中，机构部门划分还要考虑到机构单位参与金融活动的行为特点。

我国资金流量核算的机构部门分类包括如下五大部门：

1. 企业部门

企业部门包括除金融企业以外的各种经济类型的物质生产企业、服务性企业、个体经济组织（包括企业化的事业单位）。它们的特点是生产性和营利性。对资金的行为主要是通过生产或劳务收入自负盈亏、获取利润、扩大积累。

在一般情况下，对企业部门可作如下分类：按所有制形式可分为国有部门、集体部门、合资、合营、独资企业以及个体手工业者；以机构单位的生产品性质可将企业部门划分为第一、二、二产业，这样可将机构部门分类和活动部门分类有机结合起来。最近的一个新趋势就是在机构部门内部按产业进行二级分类。

2. 行政机构（政府）

行政机构（政府）部门包括国家各级政府机关、团体、部队、警察、依靠国家预算拨款的科研文教、卫生等非营利性单位（不包括企业化的事业单位）。它们的收入主要来自国家财政，也有一部分服务性收入。其资金行为，主要是根据国家的法律法规保护、管理、分配社会资源，并实现自身的公共消费。

在一般情况下，对行政机构部门可做如下分类：按职能可分为中央和地方政府、军队、警察、各种政治团体。依靠国家预算拨款的各种服务性单位如科研文教、医疗卫生、公共工程等。

3. 金融机构

金融机构部门包括银行和信用社、信托投资公司、保险公司、证券公司、租赁公司等非银行金融机构。

在一般情况下，对金融机构部门可做如下分类：包括中央银行、商业银行、其他金融机构。商业银行又包括工商银行、农业银行、中国银行、建设银行、交通银行等；其他金融机构包括信托投资公司、保险公司、证券公司、信用社、租赁公司等。

4. 居民

居民部门包括城乡居民。它们的收支主要表现为劳动报酬和财产性收支。它们的资金行为，主要是根据消费需要实现消费和进行储蓄。居民的生产行为也是以盈利为目的，其经常性收支与消费性收支性质迥异，应计入企业部门。

在一般情况下，对居民部门可做如下分类：居民包括城镇居民和农村居民。由于我国城乡差别比较大，在资金流量表中对居民部门应当按城乡居民分列。

5. 国外部门

国外部门与国内部门相对应、相联系的所有国外单位的总称。在地区资金流量表中也叫省外、市外或地区外。其资金行为包括进出口贸易、劳务、财产性收支和其他转移等。在地区资金流量表中，则用来反映地区之间的各种收支往来。

还可以对上述五大部门进行内部再分类，即二级分类。分类的目的是更加详尽地反映社会资金的流量流向及其影响。只有进行二级分类，才能详细了解各部门内部资金的流量流向、才能更好地了解各部门之间的资金流量流向，为正确的编制资金流量表做准备。

四、资金流量核算的项目设置

资金流量核算的内容是通过交易项目来反映的。交易项目是按照国内生产总值的分配顺序设置的。根据国内生产总值的分配顺序，交易项目的配置顺序是：从 GDP 的初次分配—非金融再分配—消费—投资—金融再分配。交易项目是存在于账户之中的，上述配置顺序又可以转化为五大账户，即初次分配账户、非金融分配账户、消费账户、投资账户、金融再分配账户。

从对前面经济交易的分类来看，初次分配账户、非金融再分配账户、消费账户属于经常交易账户，只反映对现期收入有影响的收支活动；经常账户与投资账户都属于实物交易账户，反映所有权、使用权同时转移的收支活动；投资账户与金融再分配账户属于资本交易账户，不仅反映对现期而且对未来都有影响的收支活动；金融再分配账户主要反映只是使用权转移、所有权未变的收支活动，即一种借贷关系。

资金流量核算账户由初始流量、中间流量、余额三部分组成。初始流量反映的是资金运动的初始条件，是资金流量核算中的基础流量；中间流量反映的是资金运动的过程；余额反映的是资金运动的结果。不同的资金流量核算账户就有不同的初始流量、中间流量、余额。资金流量核算账户的初始流量、中间流量、余额又是通过各交易项目具体反映的。

五、资金流量表的结构

资金流量表是一张矩阵表，有标准式（如表 7-1 所示）和投入产出式两种表式。国际上（包括我国）通用的是标准式资金流量表。资金流量表的宾栏为各机构部门，主栏为各交易项目。

表 7-1　标准式资金流量表（简表）

			居民		企业		行政机构		金融		国内部门合计		国外		所有部门合计	
			U	S	U	S	U	S	U	S	U	S	U	S	U	S
实物交易	经常账户	收入 Y 净转移收入 T 消费 C														
	投资账户	储蓄 S 实物投资 I 储蓄投资差 S-I														

表7-1(续)

			居民		企业		行政机构		金融		国内部门合计		国外		所有部门合计	
			U	S	U	S	U	S	U	S	U	S	U	S	U	S
金融交易	金融账户	金融资金使用 FU 金融资金来源 存款 贷款和证券 货币 国外资本往来 储备资产														

注：U 表示资金使用；S 表示资金来源。

表 7-1 中交易项目是资金流量表全部交易项目的高度概括。现对表 7-1 中交易项目简单说明如下：

（一）实物交易部分的主要项目

1. 增加值（以 Y 表示）

前四个部门的增加值合计就是国内生产总值。国外部门收入是本国外贸收支差额，当本国的外贸为顺差时，国外部门收入为负值；当本国的外贸为逆差时，国外部门收入为正值。增加值项目主要反映增加值初次分配的部门和项目构成。

2. 净转移收入（以 T 表示）

净转移收入指的是各部门通过非金融再分配取得的净转移收入。一个部门的转入大于转出，其净转移收入为正值；反之，则为负值。各部门的净转移收入之和应为零（$\sum T=0$）。一个部门通过初次分配和非金融再分配所获的收入之和（Y+T），是一个部门可用于消费和积累的可支配收入。

3. 消费（以 c 表示）

消费包括居民消费和社会消费。

4. 储蓄（以 s 表示）。

储蓄指可支配收入减去消费之后的余额（Y+T-C）。

5. 实物投资（以 I 表示）

实物投资包括新增固定资产和流动资产增加。

6. 储蓄投资差（以 s-I 表示）

储蓄与实物投资之差，即资金余额（s>I）或差额（s<1）。储蓄投资差是资金流量分析的重要指标。根据储蓄投资差数值，可以知道各部门的资金盈缺状况。s-I>0 为资金盈余部门；s-I<0 为资金短缺部门；s-I=0 为资金平衡部门。盈余部门的资金流向金融市场，短缺部门则从金融市场获得资金。所有部门的储蓄投资差之和应为零，即 $\sum(s-I)=0$。

（二）金融交易部分的主要项目

1. 金融资金来源（以 Fs 表示）

金融资金来源指一个部门金融账户的资金来源合计，它是一个部门通过间接融资活动（以金融机构为中介）和直接融资活动所获得的资金（增加额），也就是该部门本期的负债增加额（以 ΔL 表示，Fs＝ΔL）。

2. 金融资金使用（以 FU 表示）

金融资金使用指一个部门金融账户的资金使用合计，它是一个部门通过间接和直接融资活动获得的金融债权（增加额）。亦即该部门本期的货币增加额 ΔM 与其他金融资产增加额（ΔFA）两者之和（即 FUΔM+ΔFA）。

3. 金融交易部分的具体交易项目（即金融工具）

金融交易部分种类繁多，可分为国内金融交易和国外余融交易两部分。国内金融交易主要包括存款、贷款、债券、货币等。存款是存款人的金融资产，是银行的负债；贷款是银行的金融资产，是借款人的负债；债券是发行人的负债，是承购人的金融资产，货币是中央银行的负债、是持币人的债权。国外金融交易包括国外资本往来（短期和长期）与储备资产。后者是国家持有的可用于国际支付的外汇资产，包括黄金、外汇、特别提款权和在基金组织的储备头寸等。

六、资金流量表的特点

资金流量表是一个经济模型，它以矩阵表的形式，描述各部门的收入、分配、消费、储蓄、投资和资金余缺情况，并反映通过各种金融活动调剂各部门资金系缺的过程。它是一张“部门”（宾栏）与“交易项目”（主栏）组成相纵横交叉的矩阵表。

从纵向来看，它把各部门的收入、净转移收入、消费和（实物）投资与其金融资产或负债的增减变化联系起来，使各部门的储蓄投资差（即资金余额或差额）和其金融资产增量与负债增量之差（即净金融投资）相等。在资金流量表中任何一个部门的资金来源总额必然等于使用总额，这称为内部平衡。

从横向来看，它通过各种金融活动，又把各部门之间金融资产或负债的增减变动联系起来。一个部门的资金使用，必然成为另外部门的资金来源。资金流量表金融交易部分的每一种交易项目（金融工具）都代表一种金融活动。一种金融活动既引起一些部门金融资产的变动，同时也必然相应地引起另一些部门负债的变动，而且所引起的金融资产和负债这两种变动量必然相等。每种金融活动（金融工具）所形成的各部门间的金融资产与负债两种变动量的平衡，为外部平衡。

第二节　资金流量过程和结果分析实验案例

在国民经济核算体系中，通过资金流量来核算和全面统计国民经济运行中的货币资金的流动。具体包括收入在分配、消费、投资和资金融通等活动中的收入和支出。通过资金流量表可以分析储蓄率和投资率以及多种平衡关系。可以对资金循环的渠道进行动态和静态的比较分析，可以了解各机构部门的储蓄投资差，即净金融投资对国民经济的影响。

一、资金流量过程分析

（一）储蓄、投资结构分析

国民收入经过初次分配和再分配，形成了各机构部门的可支配收入，各部门拥有了可以进行投资的储蓄。改革开放以来收入分配格局的变化引发了国民储蓄格局的明显变化，如表 7-2 所示。

表 7-2　1978—2002 年我国国民储蓄结构、资本形成总额结构、净金融投资占 GDP 比重

单位:%

年份	总储蓄占 GDP 比重			资本形成总额结构			净金融投资占 GDP 比重		
	住户部门	非金融部门	政府部门	住户部门	非金融部门	政府部门	住户部门	非金融部门	政府部门
1978	2.7	16.1	19.5	—	—	—	—	—	—
1981	8.3	18.3	5.3	3.7	24.9	3.9	4.7	-6.6	1.3
1986	16.3	11.9	7.7	7.8	27.3	2.7	8.5	-15.3	5.0
1991	19.2	17.4	2.7	6.4	25.5	3.0	12.8	-8	0.3
1992	22.6	11.3	6.2	5.4	26.8	3.7	17.2	-11.4	-1.7
1993	22.7	12.6	6.4	6.1	33.5	3.4	16.2	-16.6	-1.3
1994	21.9	14.3	5.9	5.2	32.9	3.5	16.7	-15.2	-0.4
1995	19.6	14.5	5.8	5.2	33.0	3.3	14.3	-15.1	-0.1
1996	21.1	13.5	5.4	6.2	30.4	2.7	13.3	-7.8	-.26
1997	20.5	14.1	5.6	6.0	28.8	3.1	14.8	-11.6	-1.0
1998	20.1	13.5	5.2	5.7	28.3	3.5	14.8	-10.8	-1.4
1999	18.3	13.6	5.7	5.6	28.2	3.4	13.2	-7.8	-2.7
2000	16.4	14.9	6.3	3.5	27.2	5.5	8.8	-5.9	-1.1
2001	16.3	14.7	7.5	5.7	28.8	3.8	10.3	-7.9	-2.4
2002	18.6	13.3	7.2	6.1	30.1	4.2	12.5	-11.4	-2.3

资料来源：数据来自 1978—2002 年《中国统计年鉴》，中国统计出版社。

从表 7-2 可以看出，在机构部门中，住户部门储蓄占 GDP 的比例由 1978 年的 2.7%上升到 1992 年的 22.6%，成为增长最快的部门，尽管从 1992 年开始比重有所下降，但仍是 1986 年以来的储蓄比率最大的部分。非金融企业部门储蓄占 GDP 比重在 1978—1992 年呈下降状态，1992 年后有所上升，到 2001 年便已接近住户部门的储蓄比重，而 2002 年有所下降，但仍处于第二位。政府部门储蓄比率在 1978 年最高，此后迅速下降，1991 年降到 2.7%，此后虽有小幅上升，但是总体水平仍然较低。

（二）资本形成总额部门结构分析

改革开放以来，我国资本形成总额迅速上升，2003 年为 51 382.7 亿元，比 1978 年增长 36 倍，年均增长率为 15.6%，而同期 GDP 年均增长 15.1%，由于资本形成总额增长速度快于 GDP 增长速度，因此资本形成总额占 GDP 的比重由 1978 年的 38.2%上升到 2003 年的 42.3%。在投资率发生变化的同时，资本形成总额的部门结构也发生了明显的变化。表 7-2 显示，非金融部门是最大的投资者，并呈上升趋势，由 1981 年的 24.9%上升到 1993 年的 33.5%，此后有所下降，但是基本稳定在 30%左右。住户部门资本形成总额占 GDP 比重略有上升，从 1992 年起基本稳定在 6%左右。政府部门资本形成总额占 GDP 比重基本稳定在 3%~4%左右。

（三）净金融投资分析

随着分配结构的变化，导致国民储蓄和资本形成总额结构均发生了较大变化，进而资金余缺的部门分布也随之发生变化。从净金融投资格局看，住户部门自始至终是资金结余部门，资金结余份额上升较快。1981 年住户部门结余资金占 GDP 的比重为 4.7%，1992 年上升到 17.6%，之后 7 年的时间内均保持较高的水平，2000 年有所下降，降为 8.8%。非金融企业部门自始至终是资金短缺部门，资金缺口起伏较大。1981 年非金融企业短缺资金占 GDP 的比重为 6.6%，1986 年扩大为 15.3%，1991 年下降为 8.1%，1992 年又开始回升，此后几年基本维持在 8%左右的水平，政府部门由资金结余部门转变为资金短缺部门。1990 年以前，政府部门是资金结余部门，1991 年以后政府部门成为资金短缺部门。由此可以看出，资金结余部门由改革开放初期的政府和住户两个部门变为住户一个部门；资金短缺部门由改革开放初期的非金融企业一个部门变为非金融企业和政府两个部门。2002 年我国的融资结构大体为，政府部门和企业部门需要从居民部门融资 13 000 多亿元。

（四）储蓄—投资转化分析

消费率对投资率具有决定性作用。消费率与投资率之间并不是简单的此消彼长的关系，消费率对投资率在本质上具有决定性作用。在宏观经济分析中，消费决策同时也就是储蓄决策，二者恰如一枚硬币的两面。而储蓄与投资有着本质性联系，即储蓄为投资提供资金来源。因此，如果希望有一个较低的投资率的话，首先就要有一个较低的储蓄率，也就是较高的消费率作为基础。直接针对高投资率采取措施，可能在短期内起一定作用，从长期看则没有抓住问题的本质。

通过比较国民储蓄率与总投资率（如图 7-1），可以发现，外国的国民储蓄率较高，而且很多年份国民储蓄率都高于投资率。这反映了金融市场不发达进而储蓄转化为投资的渠道不畅的状况。

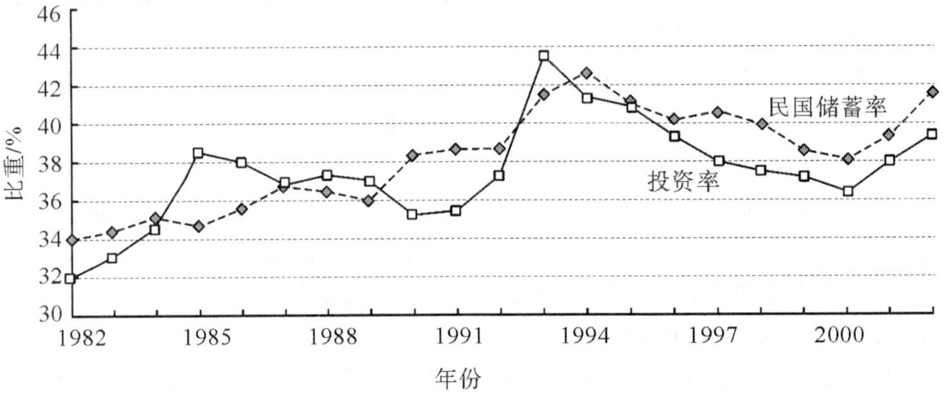

图 7-1　我国国民储蓄和总投资占 GDP 的比重

二、货币需求量分析

我国货币需求模型的构建应该从我国的实际出发，当前我国的改革开放对货币需求有重要的影响，主要表现在，随着改革开放以及经济商品化的扩大和发展，明显地增加了对货币的需求，结算方式的变化和金融工具的发展，也对货币需求产生影响。因此，我国的货币需求模型可根据货币数量方程关系，充分考虑国内生产总值、商品率、货币流通速度、价格因素的决定性影响，而对利率因素则略之，因为目前外国的利率对货币需求的影响较小。因而，可以按照以下过程来确定货币需求函数。

首先，根据货币数量方程得到货币需求量公式为：$M=QP/V$。式中，Q 为全社会商品总量；P 为商品价格；V 为融通商品交易的货币流通速度。其中，Q 可表示为：$Q=aY$，其中 a 为商品率，即 a=商品量/Y；Y 为 GDP。把上述两式统一起来，则得到：$M=YP/(V/a)$。然后，把上式写成差分的形式为：$\Delta M/M=\Delta Y/Y+\Delta P/P+\Delta V/V+\Delta a/a$。式中，$\Delta M/M$ 为货币存量的增长率；$\Delta Y/Y$ 为经济增长率；$\Delta V/V$ 为货币流通速度变化率；$\Delta a/a$ 为商品率变化率。如果我们在式中右边加上余额 e，来表示剩余因素及误差对货币需求的影响，那么，我们就可以运用该差分模型来分析货币需求的变化。

表 7-3　我国 1994—2003 年的货币需求模型分析计算结果　　单位：%

年份	货币存量增长率	经济增长率	物价上涨率	货币流通速度变化率	商品率变化率+剩余项
1994	34.5	12.6	19.8	0.4	2.5
1995	29.5	10.5	13.2	-3.4	2.4
1996	25.3	9.6	5.9	-7.3	2.5
1997	19.6	8.8	0.8	-8.3	1.7
1998	14.8	7.8	-2.4	-8.4	1.0
1999	14.7	7.1	-2.2	-8.7	1.1
2000	12.3	8.0	0.9	-2.9	0.5
2001	17.6	7.5	1.2	-7.5	1.4
2002	16.8	8.3	-0.2	-7.5	1.2
2003	19.6	9.3	2.0	-6.8	1.5

资料来源：根据《中国统计年鉴（2004）》和《中国金融年鉴（2004）》中的有关数据整理计算。

表 7-3 中，货币存量增长率是以 M2 为统计口径计算的，即为流通中的现金与全部银行存款之和。经济增长率是按可变价格计算的 GDP 环比增长率。物价上涨率采用 GDP 价格平减指数减 100%，GDP 价格平减指数是利用统计年鉴中 GDP 指数及当年价 GDP 数据先推算出可比价 GDP，再利用帕氏价格指数公式计算的。货币流通速度是用现价 GDP 除以 M2 计算的，由于缺少 GDP 口径的商品率资料，将其与剩余项放在一起，采用扣减法获得，即：商品变化率+剩余项=货币存量增长率-经济增长率-物价上涨率-货币流通速度变化率。如果能够得到商品率的实际数据，应该将其与剩余项分开。

货币需求模型的实际测算结果，为我们分析货币需求变动中的各因素作用提供了定量的依据。例如：我国 2003 年货币供应量 M2 增长 19.6%，就可以解释为由经济增长率 9.3%、物价上涨率 2%、货币流通速度下降 6.8%、商品率及其他因素正向影响 1.5%共同造成的。

第三节　资金流量过程和结果分析实验过程

一、实验目的

1. 掌握有关货币供给量、货币需求量、资金流量核算的相关理论。
2. 能够用金融相关理论分析宏观经济的资金流量过程。
3. 掌握分析货币需求量的数量分析方法。

二、实验安排

1. 实验时间安排：随堂实验或者是课后实验，2 学时。
2. 实验地点安排：多媒体教室或是专业实验室。
3. 实验组织安排：学生分 2 人一组，共同完成。

三、实验准备

1. 知识准备：根据实验内容阅读《西方经济学（下册）》教材里有关资金流量过程、资金需求量相关章节，掌握基本概念和方法。

2. 场地准备：多媒体教室或是专业实验室。

3. 软硬件准备：互联网等信息技术软硬件教学设备，EVIEWS10. 0 软件。

四、实验要求

1. 选择一个宏观经济研究对象，统计其总储蓄占 GDP 比重、资本形成总额结构和净金融投资占 GDP 比重。

2. 分析该研究对象考察期内资金流量过程。

3. 利用货币需求模型，计算各期参数值。

4. 说明货币需求变动中的各因素作用的特点。

五、实验步骤

1. 第一步：选择一个宏观经济研究对象，统计其总储蓄占 GDP 比重、资本形成总额结构和净金融投资占 GDP 比重。通过统计期内相关数据，计算住户部门、非金融企业部门和政府部门的总储蓄占 GDP 比重、资本形成总额结构和净金融投资占 GDP 比重，以便进行宏观经济的资金流量过程分析。

2. 第二步：分析该研究对象统计期内资金流量过程。分析该研究对象统计期内资金流量过程，具体从四个方面进行。一是储蓄、投资结构分析。二是资本形成总额部门结构分析，描述投资率的变化以及资本形成总额的部门结构的变化。三是净金融投资分析，从净金融投资格局区分资金结余部门和资金短缺部门，以及进一步分析资金结余或者短缺份额的变化情况。四是储蓄—投资转化分析。

3. 第三步：利用货币需求模型，计算各统计期参数值，对货币需求量进行定量分析。根据货币数量方程得到货币需求量公式为：$M=QP/V$。转化成其差分的形式 $\Delta M/M$

$=\Delta Y/Y+\Delta P/P+\Delta V/V+\Delta a/a$，并运用该差分模型来分析货币需求的变化。

4. 第四步：该研究对象统计期内资金流量结果分析，即说明货币需求变动中的各因素作用的特点。根据货币需求模型的实际测算结果，对货币需求变动中的各因素作用的进行定量分析，获得统计期内资金流量结果。

六、实验预期结果

1. 撰写完成《××资金流量过程和结果分析实验报告》。

2. 通过网上练习，使学生能根据自己已经学习的有关货币供给量、货币需求量、资金流量核算的理论分析实际经济问题。

3. 掌握用数量模型分析经济问题的基本方法。

第八章 基于IS-LM模型的政府投资对民间投资的挤出效应分析实验

■教学目标

1. 掌握有关宏观经济的IS-LM模型理论。
2. 掌握分析政府投资对民间投资的挤出效应的模型和计算方法。
3. 能够应用挤出效应模型分析政府支出对民间投资的影响程度。

第一节 基于IS-LM模型的政府投资对民间投资的挤出效应分析理论

设 Y 为国民收入，a 为自发消费量，b 是边际消费倾向，I 为投资，G 为政府支出，T 是政府税收，TR 为政府转移支付，R 为利率，e 为自发投资，d 为投资支出的利率弹性，t 为比例税率，可以得到：

$$Y = a + b(TR - T_0) + e + G_0 = b(1 - t)Y - dR \tag{8-1}$$

进一步得到 IS 曲线方程：

$$R = \frac{a + b(TR - T_0) + e + G_0}{d} - \frac{1 - b(1 - t)}{d}Y \tag{8-2}$$

假设 M 表示均衡时的货币数量；P 为总价格水平；M_d 代表货币需求；M_s 代表货币供给；k 表示货币需求的收入弹性，h 表示货币需求的利率弹性，同样可以得到 LM 曲线方程：

$$R = -\frac{M}{hP} + \frac{k}{h}Y \tag{8-3}$$

满足两个市场均衡状态并求解，可得到均衡的利率和收入。IS 曲线表示商品市场均衡条件下利率与收入之间的负相关关系，LM 曲线表示货币市场均衡条件下利率与收入之间的正相关关系。IS 曲线和 LM 曲线相交就决定了均衡的利率水平：

$$R = \frac{k[a + b(TR - T_0) + e + G_0]}{kd + h[1 - b(1 - t)]} - \frac{M[1 - b(1 - t)]}{kdP + h[1 - b(1 - t)]P} \tag{8-4}$$

如果政府实行扩张性的财政政策，增加政府支出 ΔG ，那么在货币供给既定的条件下，由上式可得：

$$\Delta R = \frac{k}{kd + h[1 - b(1 - t)]}\Delta G$$

即

$$\Delta R = \frac{1}{d + h[\frac{1 - b(1 - t)}{k}]}\Delta G$$

又根据投资函数：$I = e - dR$ ，可以得到：

$$\Delta I = - dR = - \frac{1}{1 + h[\frac{1 - b(1 - t)}{kd}]}\Delta G \qquad (8-5)$$

（8-5）式中，ΔI 是 ΔG 的函数，反映了政府支出的变化所引起的民间投资额的变化。此式符号为负，说明政府扩张性的财政政策或多或少会使民间投资缩小。ΔI 的绝对值就是财政政策对民间投资挤出效应大小的度量。其中，

$$\frac{1}{1 + h[\frac{1 - b(1 - t)}{kd}]}$$

就是挤出效应的乘数。

通过以上模型可度量近年来政府投资对民间投资的挤出效应的大小，并且可以预测政府投资对民间投资的影响程度。如果挤出程度大，那么应当及时采取相应的政策来调节和引导民间投资，使政府投资和民间投资相协调。

第二节　基于 IS-LM 模型的政府投资对民间投资的挤出效应分析实验案例

由表 8-1 中的数据可知，政府投资或多或少对民间投资存在着挤出（2002 年、2004 年、2006 年、2007 年的挤出值分别为 2 335.43 亿元、2 021.94 亿元、3 946.61 亿元、3 021.35 亿元）。根据 1999—2008 年的数据，1999 年投资支出的利率弹性（d=-0.43）最小，当年挤出效应的值（1 979.18 亿元）最小。2004 年边际消费倾向（b=0.266）最小，2004 年的挤出值也相对较小，为 2 021.94 亿元。验证了 b 越小，挤出额相对较小的理论分析。同时，2004 年的货币需求收入弹性（k=0.81）最小，2004 年挤出的数值也相对较小（2 021.94 亿元）；与 2004 年相比，2007 年货币需求收入弹性（k=0.93）较大，其当年的挤出数值也相对较大（3 021.35 亿元），与理论分析的结论（k 越小，挤出就越小）相符。经计算，2008 年挤出大小为 8 124.24 亿元，大于前几个年度的计算值，但不能简单地认为通过模型计算出来的挤出值不具有合理性。在 2008 年，由于金融危机的影响，民间中小企业受重创。面对市场需求减弱、融资困难等状况，负面影响不断显现，许多中小企业面临停工、倒闭的危险，没有资金去投资项目，使得民间投资萎缩。因此，通过计算得到的 2008 年的挤出值，并不是完全由于当年政府增加投资引致，而是与 2008 年金融危机的影响分不开。经分析，计算所得

值与实际的经济情况相符。

表 8-1　我国近年挤出效应的大小及各影响因素值

年份	边际消费倾向 b	货币需求利率弹性 h	投资支出的利率弹性 d	货币需求的收入弹性 k	税率 t /%	政府支出的变化值/亿元	挤出效应的大小/亿元
1999	0. 357	-0. 29	-0. 43	2. 23	11. 9	2 389. 49	1 979. 18
2002	0. 502	-1. 40	-1. 39	1. 65	14. 7	3 150. 57	2 335. 43
2004	0. 266	1. 08	1. 15	0. 81	15. 1	3 836. 80	2 021. 94
2006	0. 269	1. 31	0. 62	0. 99	16. 4	6 492. 45	3 946. 61
2007	0. 335	0. 44	-1. 23	0. 93	18. 3	9 358. 62	3 021. 35
2008	0. 375	-0. 86		0. 87	18. 0	12 645. 68	8 124. 24

注：为了简便，边际消费倾向利用定义公式 $MPC=\Delta C/\Delta Y$ 计算，即本期相对上期的消费支出增量 ΔC 与可支配收入增量 ΔY 之比；货币需求利率弹性中利率选用一年期存款利率；投资支出的利率弹性选用贷款市场报价利率（LPR）；税率使用当年税收总额与国民收入之比计算。

数据来源：根据《中国统计年鉴》（2007—2008 年）的相关数据计算得出。

第三节　基于 IS-LM 模型的政府投资对民间投资的挤出效应分析实验过程

一、实验目的

1. 掌握有关宏观经济的 IS-LM 模型理论。
2. 掌握分析政府投资对民间投资的挤出效应的模型和计算方法。
3. 能够应用挤出效应模型分析政府支出对民间投资的影响程度。

二、实验安排

1. 实验时间安排：随堂实验或者是课后实验，2 学时。
2. 实验地点安排：多媒体教室或是专业实验室。
3. 实验组织安排：学生分 2 人一组，共同完成。

三、实验准备

1. 知识准备：根据实验内容阅读《西方经济学（下册）》教材里有关 IS-LM 模型、挤出效应的相关章节，掌握基本概念和方法。
2. 场地准备：多媒体教室或是专业实验室。
3. 软硬件准备：互联网等信息技术软硬件教学设备，EVIEWS10. 0 软件。

四、实验要求

1. 选择一个宏观经济观察主体，对其进行一段时期内的政府投资支出分析。

2. 用 IS-LM 模型理论说明该经济体政府投资对民间投资的影响效应。

3. 计算各期政府投资挤出效应值及各个影响因素值。

4. 试用宏观经济理论分析导致挤出效应程度及变化的原因。

五、实验步骤

1. 第一步：选择一个宏观经济观察主体，对其进行一段时期内政府购买支出分析。收集统计期政府支出值并计算其相对应的变化值。

2. 第二步：用 IS-LM 模型理论说明该经济体政府投资对民间投资的影响效应。IS-LM 模型是描述满足两个市场同时均衡状态的理论模型，通过对模型的求解，可得到均衡的利率和收入。同样利用 IS-LM 模型可以对财政政策进行效应分析和挤出效应的计算分析。第一节详细介绍了如果利用 IS-LM 模型计算挤出效应的公式推导。

3. 第三步：计算各期政府投资挤出效应值及各个影响因素值。包括了边际消费倾向 b，货币需求利率弹性 h，投资支出的利率弹性 d，货币需求的收入弹性 k，税率 t 以及挤出效应值，并填写如下表格。

表 8-2　我国近年挤出效应的大小及各影响因素值

年份	边际消费倾向 b	货币需求利率弹性 h	投资支出的利率弹性 d	货币需求的收入弹性 k	税率 t /%	政府支出的变化值 /亿元	挤出效应的大小 /亿元

4. 第四步：试用宏观经济理论分析导致挤出效应程度及变化的原因。通过公式推导，得知导致挤出效应程度及变化的因素有边际消费倾向 b，货币需求利率弹性 h，投资支出的利率弹性 d，货币需求的收入弹性 k，税率 t。因此分析导致挤出效应程度及变化的原因需要综合考虑上述各方面的原因，最终获得挤出效应的客观结论，为财政政策的效应分析提供实例材料。

六、实验预期结果

1. 撰写完成《××地区基于 IS-LM 模型的我国政府投资对民间投资的挤出效应分析实验报告》。

2. 通过实验练习，使学生加深对 IS-LM 模型理论知识和应用的理解。

3. 学会应用 IS-LM 模型分析政府的财政政策效应。

第九章 基于直接测算法的社会总需求与总供给均衡状况分析实验

■教学目标

1. 掌握有关宏观经济的AS-AD模型理论。
2. 掌握总供给和总需求的核算方法。
3. 掌握分析社会总供求均衡状况模型。
4. 学会分析社会总供给和总需求失衡的原因。

第一节 基于直接测算法的社会总需求与总供给均衡状况分析理论

宏观经济管理的基本要求是实现社会总供给与总需求的基本平衡，促进国民经济均衡增长。由于国民经济系统可以分为既相对独立，又相互影响的两个运行系统。一个是经济系统，另一个是金融货币系统。社会总供给是由经济系统单独决定的使用价值量，从生产领域途径流通领域进入使用领域，其规模和水平，从一定意义上讲与金融货币系统的运行没有关系。社会总需求则不同，它是经济系统和金融货币系统共同决定的货币价值量。由于金融货币系统在分配资金时，还具有信用创造进而创造财富的功能，这正是引起社会总供求失衡的关键所在。

一、保持社会总需求与总供给的平衡的重要性

（一）保持社会总需求与总供给的平衡，是国民经济持续快速健康发展的需要

长期经济建设的实践表明，总需求过大，投资膨胀，经济增长过快，超过社会财力、物力、资源的承受能力，各方面都绷得很紧，这种状况难以持久，最终会引起经济上的大起大落，给国民经济造成巨大损失。因此，为促进国民经济持续快速健康发展，必须注意调控社会总需求与总供给的基本平衡。

（二）保持社会总需求与总供给的平衡，是调整产业结构，提高社会经济效益的需要

为了促进产业结构和产品结构的调整及产品质量的提高，提高社会经济效益，也

要保持社会总需求与总供给的平衡。

（三）保持社会总需求与总供给的平衡，是保证经济体制改革顺利进行的需要

搞好经济体制改革，必须有一个比较稳定和宽松的社会经济环境。总需求过大，往往会引起通货膨胀，而通货膨胀往往导致企业生产行为和居民消费行为的混乱。由于企业无法依据正常的价格信息进行生产和由此引发的居民的抢购行为，社会经济秩序难以稳定。因此，为保证经济体制改革的顺利进行，也必须保持社会总需求与总供给的基本平衡。

二、直接测算法下的总需求和总供给

（一）总需求

总需求是指一个国家或地区在一定时期内（通常一年）由社会可用于投资和消费的支出所实际形成的对产品和劳务的购买力总量。它包括两个部分：一是国内需求，包括投资需求和消费需求。投资需求由固定资产投资需求和流动资产投资需求组成。消费需求由居民个人消费需求和社会集团消费需求组成。二是国外需求，即产品和劳务的输出。

测算社会总需求有两种方法。一是从需求形成角度测算，就是在生产指标基础上，按影响总需求的因素做出调整，以得到社会总购买力的方法。二是从需求使用角度测算，就是把社会总购买力可能使用去向的各个项目加总在一起的方法，也即直接测算法。其计算公式为：

社会总需求=本期投资需求总量+本期消费需求总量+本期国外需求总量

（二）总供给

社会实际总供给指的是一定时期内国民经济各部门向社会实际提供的全部产品（包括物品和劳务）的总量。实际总供给与作为生产指标的国内生产总值不同，一国的社会总供给主要来源于该国的社会生产，但不是全部来源于本国的生产，供给的形成还有商品进口、动用储备和盘盈（损失）等因素。

在具体测算社会实际总供给时需要注意以下几个方面的内容：一是总供给是从实物流量角度来定义的，代表着一定数量的产品和劳务（虽以货币价值体现），因此与实物流量没有对应关系的纯价值流量或纯资金流量不应作为总供给的计算内容。二是流量总供给包括来自本国生产的产品和劳务总量以及来自进口的商品和劳务总量。流量总供给可以提供国内和国外，后者就是进口商品和劳务。如果从流量总供给减去进口商品和劳务总量，则可以得到国内市场的流量总供给。三是盘盈或损失的数量相对于整个经济规模而言是极其微小的，在具体的测算中可忽略不计。

根据以上几点，实际流量总供给的计算公式可以写为：

社会总供给=本期国内生产总值+本期进口-本期不可分配部分

本期不可分配部分，是指国内生产总值中当年不能进行分配的部分，如人工培育正在生长过程中的牲畜、树木、由于天灾人祸造成的损失等。由于各时期的供求状况相互影响，在测算社会总供给时，应考虑各时期之间的衔接。其计算公式又可表示为：

社会总供给=本期形成的社会总供给+期初供给结余总额

三、总供给和总需求均衡

社会总需求与社会总供给的平衡是宏观经济管理与控制的核心问题。供求总量平衡了，结构或局部不平衡，可以通过调整达到平衡。如果总量失衡了，就会危及整个国民经济的正常发展，因此，经常保持社会总需求与社会总供给的平衡是宏观经济管理与控制的首要任务。

社会总供给和社会总需求均衡的内涵是对国民经济活动的实物运动和价值运动过程协调与否的整体说明。严格意义上的社会总供给和总需求的均衡与失衡的概念，必须从流量社会总供给和总需求、存量社会总供给和总需求以及结余社会总供给和总需求去全面认识，只有三方面相等才是真正的均衡，否则就是失衡。但由于国民经济活动的复杂性，完全求得实物运动与价值运动过程的一致统一是不可能的。因此，社会总供给和总需求均衡不仅包括社会总供给和总需求统计的相等，而且还包括一定程度的不相等。只要这种不等不影响国民经济的正常运行和实物运动与价值运动的实现。

从统计角度而言，社会总供给和总需求的均衡和失衡应有其具体的数量界限。也就是说，社会总供给大于或小于总需求在某个数值之内，可以认为社会总供求是处于均衡状态的，当超过了这个界限就是社会总供求失衡。对社会总供给和总需求的状态做出判断，应建立在系统的统计测算基础上，不仅要指出失衡的数量特征，而且还要指出失衡状态下的类型特征。社会总供给和总需求的失衡，首先可以划分为总量失衡与结构失衡，总量失衡又依社会总供给和总需求缺口的性质分为经济停滞和通货膨胀两种类型。经济停滞是指社会总供给过剩和总需求不足的失衡状态；通货膨胀是指社会总供给不足和社会总需求过大的失衡状态。

四、总供给和总需求失衡分析步骤

（一）在总供给和总需求的统计测算基础上计算供需差率

供需差率是指社会总供给和社会总需求之间由于不平衡所产生的差额的比率。在现实经济生活中，只要供需差率保持在较低的幅度之内，不影响国民经济的正常运行，就可以认为社会总供给和社会总需求是基本平衡的。政府宏观调控的目标，就在于保持社会总供求的基本平衡。其计算公式是：

供需差率=（总需求-总供给）÷总供给×100%

一般认为，当供需差率的绝对值小于等于5%时，可以认为总供需基本平衡，供需差率越趋近于零，说明总供需矛盾越缓和。当供需差率的绝对值超过5%时，则被认为是总供需失衡，绝对值偏离5%愈远，总供需失衡愈严重。

（二）计算消费需求差率和投资需求差率

总供需的失衡无非表现在消费和投资两个方面，但是，消费和投资对总供需失衡的作用却不尽一致，因而表现出不同的特点。从统计判断上，我们的任务是指出总需求大于总供给中消费与投资各自的作用程度，以此来说明失衡的性质。

消费需求差率和投资需求差率的计算公式如下：

消费需求差率=（消费需求-总供给）÷总供给×100%

投资需求差率=（投资需求-总供给）÷总供给×100%

在这两个差率的基础上，我们就可以对总供求失衡的性质作进一步的说明。

（三）供需结构失衡的判断与分析

总量失衡当中有部分是由于结构失衡导致的，因此统计判断中也应该对结构失衡的状态给予说明。从发展中国家的结构失衡来看，一般表现为两个特征：一是基础产业瓶颈；二是工业高速增长。当然，这两个方面也是相互联系、相互作用的。因此，我们可以从其中一个方面，及基础产业瓶颈来说明结构失衡状态。基础产业一般包括了农业、能源工业、原材料工业、交通运输和邮电部门。从统计上，就是通过基础产业供给不足而影响国民经济的总供给程度，来说明结构失衡的状态。可以通过计算下面两个指标进行分析：一是由于基础产品不足使国民经济生产能力未发挥的百分比；二是满足国民经济各部门的需要的基础产品的供需缺口比率。

（四）影响社会总供求平衡的主要因素分析

1. 居民收入增长与生产增长、劳动生产率的增长的比较分析

居民收入增长代表了需求增长，生产增长、劳动生产率提高，表明供给增加。居民收入增长如果大于生产和劳动生产率的提高，表示需求大于供给；反之则反。

全员劳动生产率=工业增加值/全部从业人员平均人数

2. 财政收入与支出的比较分析

当财政支出大于财政收入时，政府为弥补财政赤字，一般通过以下几种方式：运用历年结余或变卖储备物质；向居民借款，如发行国库券等；向企业单位借款；向国外借款；向商业银行或者其他专业银行借款；向中央银行透支。其中，政府向央行透支，会引发一部分需求没有供给保障，有可能导致供需失衡。

3. 外贸进出口数量比较分析

进口会增长市场供给，出口会增加市场需求。出口多，外汇储备增加，需求压力就较大。而进口多，外汇储备减少，可以减缓市场需求过大的压力。

4. 货币供应量增长分析

商品经济的发展需要银行提供货币。如果货币供应量和经济增长所需要的货币量相适应，则总需求和总供给大体平衡；如果货币供应量超出经济增长所需要的货币量，则表明有更多的货币购买较少的商品，总需求大于总供给。

第二节　基于直接测算法的社会总需求与总供给均衡状况分析实验案例

本实验使用的直接测算法，即从社会总供给和总需求运行的客观过程出发，从流量和存量两个方面统计，将现有国民经济核算的有关总量指标重新加工调整，从而推算出总供给和总需求规模及其差额的一种方法。仅从静态角度阐述总供求的直接核算问题，并对中国社会总需求与总供给的均衡状况进行分析。

表 9-1　我国社会总供给（2000—2003 年）　　单位：亿元

年份	国内生产总值	商品进口总额	社会总供给
2000	99 214. 55	18 638. 80	117 853. 35
2001	109 655. 17	20 159. 20	129 814. 37
2002	120 332. 69	24 430. 30	144 762. 99
2003	135 822. 76	34 195. 60	170 018. 36

（二）社会总需求的测算

社会总需求是指一定时期通过分配和再分配形成的对商品和劳务的有支付能力的需求。需求核算既可以从总量角度进行，也可以从构成角度进行。而在本实验中，采用的是总需求构成测算法。总需求构成测算法的基本思路是：首先根据购买社会最终产品的资金来源，分别测算投资需求和消费需求，然后再将各项需求相加求得社会总需求。构成测算法最早是由国家统计局在 1987 年提出的。对总需求的测算主要包括以下几个方面的内容：

1. 投资需求

投资需求是指一定时期内全社会可用于购买投资品的货币支付能力。投资需求分为固定资产投资需求和库存增加的投资需求。按照资金来源可以看成是以下几个部分的合计：

投资需求=国家预算内资金拨款+国内贷款投资+利用外资+自筹和其他投资

2. 消费需求

消费需求是指一定时期内全社会可用于购买最终消费品与服务的货币支付能力。消费需求由居民消费需求和政府消费需求两部分组成。

3. 国外消费需求

国外消费需求以实际发生的购买额计算，包括商品的出口和劳务的输出。

表 9-2 我国社会总需求（2000—2003 年） 单位：亿元

年份	消费需求	国外消费需求	投资需求	社会总需求
2000	61 516.00	20 634.4	34 842.8	116 993.20
2001	66 933.89	22 024.4	39 769.4	128 727.69
2002	71 816.52	26 947.9	45 565	144 329.42
2003	77 685.51	36 287.9	55 963	169 936.41

（三）社会总供给和社会总需求均衡的判断分析

关于社会总供给和总需求均衡的判断，通常按照以下步骤进行：

1. 在总供给和总需求的统计测算基础上，计算供需差率：

供需差率=（总需求-总供给）÷总供给×100%

一般认为，当供需差率的绝对值小于等于 5%时，可以认为总供需基本平衡，供需差率越趋近于零，说明总供需矛盾越缓和。当供需差率的绝对值超过 5%时，则被认为是总供需失衡，绝对值偏离 5%愈远，总供需失衡愈严重。

我国（2000—2003 年）供需差率如表 9-3 所示：

表 9-3 我国供需差率（2000—2003 年）

年份	社会总供给/亿元	社会总需求/亿元	供求差率/%
2000	117 853.35	116 993.20	-0.01
2001	129 814.37	128 727.69	-0.01
2002	144 762.99	144 329.42	0.00
2003	170 018.36	169 936.41	0.00

2. 在总需求大于总供给的状态下，判断有无经济停滞

这主要是对总供给方面做出质的判别，理论和经验都表明即使总供给小于总需求，也不能说总供给都是有效和正常的。例如，库存过大并且积压，大量进口掩盖了国内生产的停滞，设备利用率下降，工厂开工不足。从我国的国情来看，在总需求膨胀的情况下，也存在着不同程度的经济停滞。关于这点的统计判断不仅要做出有无经济停滞的结论，而且还要进一步运用统计手段对程度做出判断。如具体测算：①库存积压占库存总量的比例；②由于产品积压，开工不足的百分比和设备利用率下降的百分比；③进口竞争品中，由于进口导致产品积压，生产能力不能发挥的百分比。

3. 在总供给大于总需求的状态下，进一步分析有效需求不足的原因，以及是否存在供给与需求的结构性矛盾。

4. 进一步计算并分析消费需求和投资需求与供给的差率

总供需的失衡无非表现在消费和投资两个方面，但是，消费和投资对总供需失衡的作用却不尽一致，因而表现出不同的特点。从统计判断上，我们的任务是指出总需求大于总供给中消费与投资各自的作用程度，以此来说明失衡的性质。

在统计方法上，可计算两个差率，即消费需求差率和投资需求差率。即：

消费需求差率=-（消费需求-总供给）÷总供给×100%

投资需求差率=-（投资需求-总供给）÷总供给×100%

表 9-4 为 2000—2003 年我国社会消费需求差率和投资需求差率。

表 9-4　我国社会消费需求差率和投资需求差率（2000—2003 年）

年份	消费需求/亿元	投资需求/亿元	总供给/亿元	消费需求差率/%	投资需求差率/%
2000	61 516.00	34 842.8	117 853.35	47.802 9	70.435 5
2001	66 933.89	39 769.4	129 814.37	48.438 8	69.364 4
2002	71 816.52	45 565	144 762.99	50.390 3	68.524 4
2003	77 685.51	55 963	170 018.36	54.307 6	67.084 1

在这两个差率的基础上，我们就可以对总供求失衡的性质作进一步的说明。

5. 结构失衡的判断与分析

总量失衡当中有部分是由于结构失衡导致的，因此统计判断中也应该对结构失衡的状态给予说明。从发展中国家的结构失衡来看，一般表现为两个特征：一是基础产业瓶颈；一是工业高速增长。当然，这两个方面也是相互联系、相互作用的。因此，我们可以从其中一个方面，及基础产业瓶颈来说明结构失衡状态。基础产业一般包括了农业、能源工业、原材料工业、交通运输、邮电部门，从统计上，就是通过基础产业供给不足而影响国民经济的总供给程度，来说明结构失衡的状态。可以通过计算下面两个指标进行分析，一是由于基础产品不足使国民经济生产能力未发挥的百分比；二是满足国民经济各部门的需要的基础产品的供需缺口比率。

6. 影响社会总供求平衡的主要因素分析

（1）居民收入增长与生产增长和劳动生产率的增长的比较分析

如表 9-5 所示，我国 2001—2003 年居民收入增长均大于生产和劳动生产率的提高，表示 2001—2003 年我国社会的总需求大于总供给。

表 9-5 我国 2001—2003 年居民收入增长与生产增长和劳动生产率的增长的比较

年份	从业人数/人	GDP/亿元	人均国民收入/亿元	劳动生产率增长率/%	人均国民收入增长率/%
2001	744 320 000	109 655.2	1 000	8.40	10.00
2002	753 600 000	120 332.7	1 100	11.80	15.50
2003	760 750 000	135 822.8	1 270	16.60	18.10

（2）财政收入与支出的比较分析

如表 9-6 所示，我国 2001—2004 年的政府的财政支出均大于财政收入，为弥补财政赤字，政府综合运用了历年结余或变卖储备物质、向居民和企业单位借款、向国外借款、向商业银行或者其他专业银行借款以及向中央银行透支的多种方式筹措财政资金，表现为，我国 2001—2004 年的政府的财政收入的增速要快于财政支出。其中，政府向央行透支，会引发一部分需求没有供给保障，有可能导致供需失衡。

表 9-6 我国 2001—2004 年财政收入与支出的比较

年份	财政收入/亿元	财政支出/亿元	增长速度/%	
			财政收入	财政支出
2001	16 386.04	18 902.58	22.327 43	18.985 18
2002	18 903.64	22 053.15	15.364 3	16.667 41
2003	21 715.25	24 649.95	14.873 38	11.775 19
2004	26 396.47	28 486.89	21.6	15.6

（3）外贸进出口数量比较分析

如表 9-7 所示，我国 2001—2004 年外贸进出口总量均为出口总额多于进口总额，外汇储备增加，需求压力就较大。

表 9-7 我国 2001—2004 年外贸进出口数量比较　　单位：亿元

年份	2001	2002	2003	2004
出口总额	22 024.4	26 947.9	36 287.9	49 103.3
进口总额	20 159.2	24 430.3	34 195.6	46 435.8

（4）货币供应量增长分析

如表 9-8 所示，我国 2001—2004 年货币供应量 M1 和 M2 均超出经济增长所需要的货币量，则表明我国 2001—2004 年有更多的货币购买较少的商品，总需求大于总供给。

表 9-8 我国 2001—2004 年货币供应量增长　　单位:%

年份	M2 增长率	M1 增长率	GDP 增长率
2001	17.6	12.70	8.30
2002	16.8	16.80	9.10
2003	19.6	18.70	10.00
2004	14.7	13.60	10.10

第三节　基于直接测算法的社会总需求与总供给均衡状况分析实验过程

一、实验目的

1. 掌握有关宏观经济的 AS—AD 模型理论。
2. 掌握总供给和总需求的核算方法。
3. 掌握分析社会总供求均衡状况模型。
4. 学会分析社会总供给和总需求失衡的原因。

二、实验安排

1. 实验时间安排：随堂实验或者是课后实验，2 学时。
2. 实验地点安排：多媒体教室或是专业实验室。
3. 实验组织安排：学生分 2 人一组，共同完成。

三、实验准备

1. 知识准备：根据实验内容阅读《西方经济学（下册）》教材里有关总供给与总需求的相关章节，掌握基本概念和方法。

2. 场地准备：多媒体教室或是专业实验室。

3. 软硬件准备：互联网等信息技术软硬件教学设备，EVIEWS10. 0 软件。

四、实验要求

1. 选择一个宏观经济观察主体，对其进行一段时期内总供给与总需求的测算分析。
2. 用总需求-总供给模型理论说明该经济体宏观经济均衡的状态。
3. 计算各年份该经济体的供需差率，分析并说明经济失衡的状态。
4. 试用宏观经济理论并收集相关数据材料分析导致社会总供求失衡的主要影响因素。

五、实验步骤

1. 第一步：选择一个宏观经济观察主体，收集统计期内的总供给和总需求的相关数据，填写表 9-9—表 9-10，进行一段时期内总供给与总需求的测算分析。

表 9-9　××社会总供给（××××—××××年）　　单位：亿元

年份	国内生产总值	商品进口总额	社会总供给

表 9-10 ××社会总需求（××××—××××年） 单位：亿元

年份	消费需求	国外消费需求	投资需求	社会总需求

2. 第二步：用总需求—总供给模型理论说明该经济体宏观经济均衡的状态。从统计角度而言，社会总供给和总需求的均衡和失衡应有其具体的数量界限。也就是说，社会总供给大于或小于总需求在某个数值之内，可以认为社会总供求是处于均衡状态的，当超过了这个界限就是社会总供求失衡。

3. 第三步：计算各年份该经济体的供需差率，分析并说明经济失衡的状态。社会总供给和社会总需求均衡的判断分析，关于社会总供给和总需求均衡的判断，在总供给和总需求的统计测算基础上，计算供需差率。

4. 第四步：试用宏观经济理论并收集相关数据材料分析导致社会总供求失衡的主要影响因素。影响社会总供求平衡的主要因素分析具体要从以下四个方面进行：①居民收入增长与生产增长和劳动生产率的增长的比较分析；②财政收入与支出的比较分析；③外贸进出口数量比较分析；④货币供应量增长分析。填写表 9-11—表 9-14。

表 9-11 居民收入增长与生产增长和劳动生产率的增长的比较

年份	从业人数/人	GDP/亿元	人均国民收入/亿元	劳动生产率增长率/%	人均国民收入增长率/%

表 9-12 财政收入与支出的比较

年份	财政收入/亿元	财政支出/亿元	增长速度/%	
			财政收入	财政支出

表 9-13 外贸进出口数量比较

年份				
出口总额/亿元				
进口总额/亿元				

表 9-14　货币供应量增长率 M1　　单位:%

年份	M2 增长率	M1 增长率	GDP 增长率

六、实验预期结果

1. 撰写完成《××地区基于直接测算法的社会总需求与总供给均衡状况分析实验报告》。

2. 通过实验练习，使学生加深对 AS-AD 模型理论知识和应用的理解。

3. 学会应用 AS-AD 模型分析经济的均衡及失衡的状态。

第十章 投资乘数-加速数模型与经济周期变化分析实验

■教学目标

1. 掌握有关宏观经济的投资乘数-加速数模型理论。
2. 掌握分析政府投资乘数和加速数模型和计算方法。
3. 能够应用投资乘数-加速数模型分析经济周期变化的过程。

第一节 投资乘数-加速数模型与经济周期变化分析理论

经济的发展常常伴随着经济活动的上下波动，呈现出周期性的特征。经济周期（business cycle）一般也译作商业周期、商业循环或经济循环，是指经济运行过程中出现的周期性经济扩张与经济紧缩更迭循环往复的经济波动现象。经济周期大体经历周期性的四个阶段：繁荣、衰退、萧条和复苏。西方学者提供了投资乘数-加速数模型来解释经济周期的原因。

（一）乘数原理和加速数原理

1. 乘数原理和加速数原理

乘数是指总支出的增加所引起的国民收入增加的倍数。如果是投资的增加，则乘数是投资乘数。即投资乘数指总投资增加所导致的收入增加的倍数。

加速数原理是指收入变动或消费变动引起投资变动的理论。当满足不存在闲置资源和资本-产出比率不变的两个假定条件下，消费者对产品需求增加将引致产品生产扩大，为了增加产量，就要增加新的投资，进而会导致资本存量需求发生变化，从而产生引致投资。

投资乘数与加速原理相互作用引起经济周期变化的具体过程是，投资增加通过乘数效应引起国内生产总值的成倍增加，国内生产总值的成倍增加又通过加速效应引起投资的成倍增加，这样，经济就会出现繁荣。然而，国内生产总值达到一定水平后由于社会需求与资源的限制无法再增加，这时就会由于加速原理的作用使投资减少，投资的减少又会由于乘数的作用使国内生产总值继续减少。这两者的共同作用又使经济进入衰退。衰退持续一定时期后，由于固定资产更新，即大规模的机器设备更新又使得投资增加，国内生产总值再增加，从而经济进入到另一次繁荣。正是由于乘数与加速原理的共同作用，经济中就形成了由繁荣到衰退，又由衰退到繁荣的周期性运动。

（二）投资乘数-加速数模型及公式

投资乘数-加速数模型将乘数和加速数结合起来，说明收入与投资的相互关系。美国的汉森和萨缪尔森首先通过加速数原理和乘数原理的相互作用分析了经济增长变动周期，即“汉森-萨缪尔森模型”。其基本方程如下：

$C_t=b\times Y_{t-1}$ ……………………………………………………… 简单的消费函数

$I_t=v\ (C_t-C_{t-1})$ …………………………………………… 引致投资函数及加速数原理

$Y_t=C_t+I_t+G_t=bY_t-1+\ [I_0+v\ (C_t-C_{t-1})\ ]\ +G_t$ …………… 支出法核算的国民收入

其中：b 为边际消费倾向，利用定义公式 $MPC=\Delta C/\Delta Y$ 计算，即本期相对上期的消费支出增量 ΔC 与可支配收入增量 ΔY 之比；C_t 为现期消费；Y_{t-1} 为上期可支配收入，I_t 为本期投资，v 为加速系数为总投资的改变量/（本期收入-上期收入）；G_t 为本期政府支出。

可以得到经济周期波动的描述方程

$$Y_t=bY_{t-1}+v\ (C_t-C_{t-1})\ ]\ +G_t$$

通过查询相关统计数据资料，计算表 10-1 的项目并填写数据。

表 10-1　乘数和加速数的相互作用

年份	政府支出（1）	本期消费（2）	本期加速系数	引致本期私人投资（3）	本期投资乘数	国民收入总和（1）+（2）+（3）	经济变化趋势

通过计算并填写表 10-1，根据国民收入总和的变化，判断经济变化的趋势，是否具有明显的周期性特征。

第二节　投资乘数-加速数模型与经济周期变化分析实验案例

本次实验选用的宏观经济观察主体是 2015—2019 年的中国经济，并对其进行投资乘数-加速数分析。

从表 10-2 中可以看出，政府支出在逐年增加，本期消费也在逐年增加，引致本期私人投资也在逐年增加。本期加速系数和本期投资乘数呈反向变动关系。当本期加速系数减小时，本期投资乘数增大；当本期加速系数增大时，本期投资乘数减小。当投资增加时，国民收入增加，由于乘数效应，国民收入总和在不断扩大。由观察可得，投资与国民收入存在正相关关系。

表 10-2 我国 2010—2019 年乘数和加速数的相互作用 单位：亿元

年份	政府支出	本期消费	本期加速系数	引致本期私人投资	本期投资乘数	国民收入总和	经济变化趋势
2010	60 115.9	141 465.5	0.434	7 959.67	1.416	209 541.07	—
2011	74 356.5	170 390.8	0.819	23 682.96	1.656	268 430.26	0.281
2012	84 859.1	190 584.8	1.172	23 666.01	1.598	299 109.91	0.114
2013	94 186.4	212 477.3	1.409	30 848.67	1.757	337 512.37	0.128
2014	101 792.7	236 238.5	1.169	27 769.73	1.732	365 800.93	0.084
2015	111 718.2	260 202.4	1.194	28 601.36	2.338	400 521.96	0.095
2016	122 138.3	288 668.2	0.778	22 146.94	1.992	432 953.44	0.081
2017	135 828.7	320 689.5	0.395	12 656.94	1.572	469 175.14	0.084
2018	152 010.6	354 124.4	0.053	1 788.37	1.675	507 923.37	0.083
2019	165 599.0	385 895.6	-1.143	-36 309.36	1.749	515 185.24	0.014

（三）结论

1. 投资乘数与中国经济周期波动的相关性分析

由表 10-2 可以看出，2010—2013 年的加速系数由 0.43 上升到了 1.41，随后又开始下降，直至下降到 2019 年的-1.14，其中 2013 年的加速系数是 2010—2019 年这十年中的最高水平，为 1.41；而 2019 年的加速系数是 2010—2019 年这十年中的最低水平，为-1.14，且 2018—2019 年的加速系数的下降幅度是加速系数下降后的几年中最大的一年。由此可以看出 2010—2019 年的加速系数先是上升然后再下降的一个状态，且加速系数呈现出一个波动幅度较大的情况。

2010—2019 年的投资乘数先是从 2010 年的 1.42 开始上升，直至上升到 2015 年的 2.34；随后，投资乘数又从 2015 年的 2.34 开始下降至 2017 年的 1.57，最后又有了小幅上升，直至 2019 年的 1.75；在这十年中，2010 年的投资乘数最小，为 1.42，2015 年的投资乘数最大，为 2.34。由此来看，2010—2019 年的投资乘数也是不稳定的。

最后我们可以从表 10-2 看出，2010—2019 年，我国的国民总收入在这近十年来一直保持着上升的趋势，但其增长幅度不断减小，从上图也可以看出我国的经济增长趋势在近十年来出现了衰退迹象，2011—2012 年的下降幅度最大，随后一直保持着较为稳定的小幅下降。这说明了我国在近十年的时间里，已经开始了由繁荣进入衰退的经济周期，虽然其衰退的幅度较小，但仍需要重视。

上面我们分别讨论了投资乘数和加速系数。投资乘数与消费增量在收入增量中的比例有关，比例越大，投资引起的连锁反应越大，总收入增加得也越多。但是，在消费函数或储蓄函数为既定的条件下，要有一定数量的劳动力和存货可以被利用，投资乘数的作用才能发挥出来。加速系数则说明，收入或消费的变动与投资的变动之间的关系，即收入的增加引起消费的增加，但要增加消费品的数量，资本品的数量必须相应增加，因此收入的增加必将引起投资的增加。所以，投资乘数和加速系数两者单方面都不能揭示消费、投资、收入之间相互作用的关系。正是这种相互作用决定了收入变化的本质特征，需要研究乘数与加速系数交互作用模型。

2. 政府支出与私人投资的相关关系分析

2016—2019 年，政府支出在不断增加，引致本期私人投资也在不断增加，本期消费也在不断增加，说明 2016—2019 年中国经济体的挤出效应较小。近年来，我国经济发展面临一些突出矛盾和问题，主要表现在：经济下行压力较大；工业品价格持续回落，工业企业利润下降；财政收入增速放缓，一些地区甚至出现负增长；潜在风险显性化的可能性增大；但最根本的还是内在因素，即有效供给不适应市场需求的变化，特别是结构性产能过剩比较严重，及主要矛盾由需求侧转向供给侧。由于 2017—2018 年两年是中美双方贸易拉锯战较为严峻的两年，导致投资乘数有所减小，而在双方进行友好协商后得到改善，2019 年投资乘数增加。这说明政治因素会严重影响着一个国家的各项发展，开放经济带来便利的同时也会带来弊端。

中国作为当今全球最大的发展中国家，面临着许多机遇，也面临着许多挑战。随着综合国力的不断提升，人民生活水平的不断提高，面临的挑战也就愈加严峻，投资与消费都会受到其他国家的冲击。

第三节　投资乘数-加速数模型与经济周期变化分析实验过程

一、实验目的

1. 掌握有关宏观经济的投资乘数-加速数模型理论。
2. 掌握分析政府投资乘数加速数模型和计算方法。
3. 能够应用投资乘数-加速数模型分析经济周期变化的过程。

二、实验安排

1. 实验时间安排：随堂实验或者是课后实验，2 学时。
2. 实验地点安排：多媒体教室或是专业实验室。
3. 实验组织安排：学生分 2 人一组，共同完成。

三、实验准备

1. 知识准备：根据实验内容阅读《西方经济学（下册）》教材里有关经济周期、投资乘数-加速数模型的相关章节，掌握基本概念和方法。

2. 场地准备：多媒体教室或是专业实验室。

3. 软硬件准备：互联网等信息技术软硬件教学设备，EVIEWS10. 0 软件。

四、实验要求

1. 选择一个宏观经济观察主体，对其进行一段时期内投资乘数-加速数分析。

2. 用投资乘数—加速数模型理论说明该经济体投资和收入，以及收入和投资的相关关系。

3. 计算各年份消费、引致投资及国民收入总额的值。

4. 试用宏观经济理论分析导致经济周期变化的程度及变化的原因。

五、实验步骤

1. 第一步：选择一个宏观经济观察主体，对其进行一段时期内投资乘数-加速数分析。

2. 第二步：用投资乘数-加速数模型理论说明该经济体投资和收入，以及收入和投资的相关关系。

3. 第三步：计算各年份消费、引致投资及国民收入总额的值。通过公式计算得到各年份消费、引致投资及国民收入总额的值。并填写如表10-3。

表10-3 ××××—××××年乘数和加速数的相互作用 单位：亿元

年份	政府支出	本期消费	本期加速系数	引致本期私人投资	本期投资乘数	国民收入总和	经济变化趋势

4. 第四步：试用宏观经济理论分析经济周期变化，导致挤出效应程度及变化的原因。首先对投资乘数与中国经济周期波动的进行相关性分析和政府支出与私人投资的相关关系分析，然后试用宏观经济理论分析经济周期变化，导致挤出效应程度及变化的原因。

六、实验预期结果

1. 撰写完成《××地区投资乘数-加速数模型与经济周期变化分析实验报告》。

2. 通过实验练习，使学生加深对投资乘数-加速数模型与经济周期理论知识和应用的理解。

3. 学会应用投资乘数-加速数模型分析经济周期的变化状态。

第十一章

哈罗德-多马模型与经济增长分析实验

■教学目标

1. 掌握哈罗德-多马模型的相关理论。
2. 掌握运用哈罗德-多马模型公式计算和分析经济增长的方法。
3. 提高应用数据分析宏观经济现象的能力。

第一节　哈罗德-多马模型与经济增长分析理论

哈罗德-多马增长模型，20世纪40年代末分别由英国经济学家R. F. 哈罗德和美国经济学家E. D. 多马根据J. M. 凯恩斯的理论，即储蓄等于投资才能使经济实现均衡的理论而提出的一种解释经济周期和保持经济长期稳定增长的经济数学模型及理论。这种理论是对凯恩斯的国民收入决定理论长期化与动态化的一种理论扩展。利用这种理论可以分析经济长期稳定均衡增长的条件，并说明一个国家国民收入增长过程与增长过程中储蓄、投资、要素投入量和产量等基本因素之间的因果关系。

一、模型隐含的假设条件

模型隐含的假设是经济体系只生产一种合成商品，它要么可以在当前消费，要么可以作为资本存量来积累。劳动供给是同质的，而且这种同质劳动与过去积累的资本存量一起成为当前生产的投入。对于这个模型经济体系可以再明确地作三个假设：

（1）人口和劳动是以一个不变的比例速率在增长，并且是独立于其他经济力量的，也就是说外生于所考虑的经济系统，不受其他因素和变量的影响，记为n。

（2）在任何时刻，净储蓄和投资在净产出中的比例是固定不变的。把这个比率记为s。其实储蓄率是一个行为参数，受很多其他因素的影响。在不同的模型中，也有不同的储蓄函数来描述这个行为。不同的机制下储蓄行为是不同的，从而储蓄函数也不同，比如在市场经济和计划经济就是很不相同的。哈罗德和多马也认为储蓄受很多因素影响，不过他们仍然倾向于作这样的假定，认为在短期内人们的储蓄偏好是不变的。而且他们隐含认为边际储蓄倾向等于平均储蓄倾向。但哈罗德自己并没有认为 s 是永恒不变的，他认为，“在特殊情况下储蓄作为收入的一部分是变化的”。

模型中经济体系的生产技术通过两个不变的系数而得到了完全的描述。一个是每单位资本的劳动需求，另一个是每单位产出的资本需求，记为 v。它们不能在任何时刻发生变动并且也不会在时间进程中发生变动，从这两方面看，它们是固定的数量。并且在哈罗德模型（Harrod Model）中率资本-产出比率表示生产技术，而在多马模型（Dom ar Model）中以产出-资本比表示生产技术，这两个比率正好是倒数关系，不过都从不同方面表示了生产技术。

二、哈罗德-多马模型

（一）哈罗德经济增长模型

1. 假设

除了上文我们提到的假设，哈罗德论文中还暗含三个假设：社会的收入水平是储蓄供给最重要的决定力量；收入的增长率是储蓄需求的重要决定因素；储蓄的需求和供给相等。

2. 变量和基本概念

G 表示一个经济系统中收入或者产出的几何增长率。

$$G=Y_1-Y_0/Y_0$$

Y_0是 0 时期的产出，Y_1是 1 时期的产出，产出是各种产品的综合品。因为我们假设时期短，所以在分子上可以用 Y_0也可以用 Y_1。Gw 表示有保证的增长率。如果有保证的增长率能够实现，经济系统的每个部分都能得到满足，他们的产出不多也不少。s 表示个人和企业所选择的储蓄占收入的比率，$s=S/Y_0$或者 $s=S/Y_1$，S 是总储蓄额。s 会随着收入的大小、商业周期的不同阶段、制度变化等原因而变化。C 表示增加一单位产出所需要的资本品的量，值的大小和选择的时间长短也有关，而且取决于技术和所生产的产品，会随着商业周期的不同阶段而变动，还可能某种程度上取决于利率。C_P表示在某个时期增加的资本除以增加的产出的比率，也是实际发生的资本和产出比率。所以：

$$G_W=s/C,\ G=s/C_P。$$

在某个时期，实际的储蓄等于增加的资本存量。总储蓄为 sY_0，增加的资本存量为 C_P（Y_1-Y_0），所以：

$$sY_0=Cp\ (Y_1-Y_0),\ G=sC_P=Y_1-Y_0/Y_0$$

如果实际发生的 C_P和技术及其他因素（比如个人和企业的信心、利率等）决定的 C 相等，则实际的增长率 G 等于 G_W，即如果 $C=C_P$，则 $G=Gw$。此时达到了均衡增长。

3. 三个基本概念

（1）平均储蓄倾向，又称为储蓄-收入比率。它等于储蓄量与收入量之比。s 表示平均储蓄倾向，S 表示储蓄量，Y 表示收入量，则 $s=S/Y$.

（2）加速系数，又称投资-产量增量比率。I 表示投资，ΔY 表示产量或收入量，V 表示加速系数，则 $V=I/\Delta Y$。

（3）经济增长率，又称收入增长率或产量增长率。G 表示经济增长率，ΔY 表示产量和收入增量，Y 表示产量或收入，则 $G=\Delta Y/Y$.

因为 $I=S$，所以得到方程组：$s=S/Y$，$V=I/\Delta Y$，$G=\Delta Y/Y$，$I=S$，

消除 I，S，ΔY，Y，可以得到 $GV=s$.

（二）多马经济增长模型

多马模型运用以下三个基本概念，并运用上述的假设条件得到和哈罗德类似的经济增长表达式。

1. 边际储蓄倾向

边际储蓄倾向是指储蓄增量在收入增量中所占的比率。ΔS 表示本期相对于上期的储蓄增量，ΔY 表示本期相对于上期的收入增量，s 表示边际储蓄倾向。由于假定储蓄倾向固定不变，所以这里的边际储蓄倾向与哈罗德模型中的平均储蓄倾向是相等的，则 $s=\Delta S/\Delta Y$.

2. 资本生产率

资本生产率是指产量或收入与资本总投入的比率。Y 表示收入，K 表示资本投入，σ 表示资本生产率，则 $\sigma=Y/K$.

由于假设资本产量比率不变，即资本增加百分之几，收入也增加百分之几，所以原有资本的生产率必然等于新投入的资本的生产率，即 $\sigma=Y/K=\Delta Y/\Delta K=\Delta Y/I$.

3. 投资增长率

投资增长率是本期投资相对于上期投资的增量跟上期投资的比率。ΔI 表示投资增量，I 表示投资，F 表示投资增长率。由于多马假设储蓄全部转化为投资，进而储蓄增长率也必然与投资增长相等，由于产出和投资呈线性关系，所以投资增长率也和产出增长率或者国民收入增长率相等。则 $F=\Delta I/I$.

因为 $\Delta I=\Delta S$，所以得到方程组：

$$s=\Delta s/\Delta Y$$

$$\sigma=\Delta Y/I$$

$$F=\Delta I/I$$

$$\Delta S=\Delta I$$

消去 ΔS，ΔI，ΔY，ΔI，就得到 $F=s\sigma$.

比较一下哈罗德和多马的假设和通过假设和基本公式得到的最终结论，可以看到：哈罗德的平均储蓄倾向等于多马的边际储蓄倾向；哈罗德的加速系数，也可以认为是资本-产出比率，和多马的资本生产率是倒数关系，其实两个概念本质上是相同的，都表示生产技术系数；在他们的假设下，哈罗德的经济增长率和多马的投资增长率是一样的，都表示了产出或者收入的增长。

（三）综合考察哈罗德-多马模型

通过前面的介绍可以看到，哈罗德、多马并没有应用生产函数、消费函数、储蓄函数和现代研究经济增长的工具分析他们的理论，这样就不容易看到他们的贡献和后来的经济增长理论的联系。由于哈罗德和多马模型达到均衡条件的苛刻，以致它出现后并没有得到广泛的应用。但是，现在研究者一般认为哈罗德-多马模型是近代经济增长模型的先驱。它把凯恩斯国民收入决定理论引入长期经济增长模型，为以后的理论发展奠定了基础。1950 年之后的经济增长模型大体上都是对哈罗德-多马模型的拓展。

第二节 哈罗德-多马模型与经济增长分析实验案例

本实验收集我国 1980—2007 年的相关的统计数据，并制作表 11-1 如下。

表 11-1 我国 1980—2007 年的相关统计数据

年份	GDP /亿元	dGDP /亿元	全社会固定资产投资 I /亿元	资本的边际生产率 /%	资本投资率 /%	GDP 的增长率 /%
1980	4 545.6	-	910.9	-	20.0	7.8
1981	4 891.6	346.0	961.0	36.0	19.6	5.2
1982	5 323.4	431.8	1 230.4	35.1	23.1	9.1
1983	5 962.7	639.3	1 430.1	44.7	24.0	10.9
1984	7 208.1	1 245.4	1 832.9	67.9	25.4	15.2
1985	9 016.0	1 807.9	2 543.2	71.1	28.2	13.5
1986	10 275.2	1 259.2	3 210.6	39.2	31.2	8.8
1987	12 058.6	1 783.4	3 791.7	47.0	31.4	11.6
1988	15 042.8	2 984.2	4 753.8	62.8	31.6	11.3
1989	16 992.3	1 949.5	4 410.4	44.2	26.0	4.1
1990	18 667.8	1 675.5	4 517.0	37.1	24.2	3.8
1991	21 781.5	3 113.7	5 594.5	55.7	25.7	9.2
1992	26 923.5	5 142.0	8 080.1	63.6	30.0	14.2
1993	35 333.9	8 410.4	13 072.3	64.3	37.0	13.5
1994	48 197.9	12 864.0	17 042.1	75.5	35.4	12.6
1995	60 793.7	12 595.8	20 019.3	62.9	32.9	10.5
1996	71 176.6	10 382.9	22 974.0	45.2	32.3	9.6
1997	78 973.0	7 796.4	24 941.1	31.3	31.6	8.8
1998	84 402.3	5 429.3	28 406.2	19.1	33.7	7.8
1999	89 677.1	5 274.8	29 854.7	17.7	33.3	7.1
2000	99 214.6	9 537.5	32 917.7	29.0	33.2	8.0
2001	109 655.2	10 440.6	37 213.5	28.1	33.9	7.5
2002	120 332.7	10 677.5	43 499.9	24.5	36.1	8.3
2003	135 822.8	15 490.1	55 566.6	27.9	40.9	9.3
2004	159 878.3	24 055.5	70 477.4	34.1	44.1	9.5
2005	183 217.4	23 339.1	88 773.6	26.3	48.5	10.2

表11-1(续)

年份	GDP /亿元	dGDP /亿元	全社会固定资产投资 I /亿元	资本的边际生产率 /%	资本投资率 /%	GDP 的增长率 /%
2006	211 923.5	28 706.1	109 998.2	26.1	51.9	11.1
2007	249 529.9	37 606.4	137 323.9	27.4	55.0	11.9

运用 EVIEWS 软件，对我国经济增长的相关指标进行相关性分析，见表 11-2。

表 11-2　相关系数分析表

	GDP 的增长率	资本的边际生产率	资本投资率
GDP 的增长率	1	0.607	0.258
资本的边际生产率	0.607	1	-0.35
资本投资率	0.258	-0.35	1

结果如表 11-2 所示，从中可以发现以下几点现象：

（1）我国 GDP 实际增长率与我国的资本边际生产率高度正相关，其中，GDP 增长率与资本边际生产率的相关度高达 0.607，而它与我国投资率的相关系数为 0.258，并且没有能够通过检验。这说明我国经济增长高度依赖资本边际生产率即资本产出率的提高。

（2）我国投资率和资本边际生产率指标的相关性不明显，甚至有轻微负相关关系。这说明了我国资本投资率的提高不利于我国资本产出率的提高。

建立计量模型。运用哈罗德-多马模型测算我国的实际经济增长，这样可能更有利于模型的实际分析运用以及为决策者提供参考。本实验建立以下计量经济模型：

$$\text{GDP 实际增长率}=\beta_0+\beta_1\text{资本投资率}+\beta_2\text{资本边际生产率}+u$$

运用 EVIEWS 软件得到计量模型回归结果如下：

$$\text{GDP 实际增长率}=-1.83+0.132\,\text{资本投资率}+0.178\,\text{资本边际生产率}+u$$

$$t=\ (-0.897)\qquad (5.96)\qquad\qquad (4.03)$$

$R^2=0.62$　调整的 $R^2=0.60$　$F=19.87$

从上面的结果看，除了固定系数没有通过检验，其他系数和整体方程都非常显著地通过了检验。因此为了使得模型更加的精确，将模型更新为

$$\text{GDP 实际增长率}=\beta_1\text{资本投资率}+\beta_2\text{资本边际生产率}+u$$

运用 EVIEWS 软件得到计量模型回归结果如下：

$$\text{GDP 实际增长率}=0.118\,\text{资本投资率}+0.143\,\text{资本边际生产率}$$

$$t=\ (7.65)\qquad\qquad (6.98)$$

$R^2=0.61$　调整的 $R^2=0.60$

上述模型把哈罗德-多马模型和我国实际经济增长有效地结合在一起，并且模型的变量有效地测度了我国的实际经济增长。我们通过上述模型分析还能得到三个结论：第一，可以通过哈罗德-多马模型的变量对我国实际经济增长进行测算；第二，我国的投资率增加 1%，可促进我国的实际经济增长约 0.118%；第三，我国的实际经济增长最近十几年将更加依赖于高投资率（资本投资率）。

通过哈罗德-多马模型测算的我国经济增长率与GDP名义增长率高度正相关，因此可以通过哈罗德-多马模型直接测算我国的名义经济增长。由于哈罗德-多马模型的模型变量与我国的GDP实际增长率存在线性关系，因此可以有效地通过哈罗德-多马模型的模型变量测算我国的实际经济增长。实证分析还发现，我国的实际经济增长高度依赖投资率及资本边际生产率，为了又快又好地促进我国的实际经济增长，通过本验证性实验提出以下几点建议：

1. 继续维持当前的高投资率

我国当前的高投资率有其合理性。首先我国的高投资率源于我国的高储蓄率。当前我国存在严重的资本过剩，从2001年到2005年，我国银行的“存贷差”依次为3.7万亿元、3.86万亿元、4.91万亿元、6.32万亿元、9.32万亿元，银行的“存贷差”的急剧扩大，反映了有巨额储蓄不能转化为投资。其次，根据本实验的实证分析，相对于资本边际生产率而言，我国经济增长更加依赖高投资率。由于资本边际生产率及消费率有多种因素的制约，短期内很难提高，而投资率却可以在短期内进行调控。最后，我国过剩的资本不能有效地转化为投资就是浪费。同样高储蓄率也是我国经济维持长期增长的物质基础，是财富不是包袱。这就决定了当前及今后一段时期我国经济增长必须依靠高投资率。

2. 建立高效的资本形成和有效的利用机制

可以预料，今后很长一段时期内我国的消费率很难大幅提升，经济增长将主要依靠投资的高投入来支撑，这在当前我国储蓄率较高，资本相对过剩的态势下是很容易实现的。但投资要取决于投资成本与投资的预期收益率的比较，如果资本的边际生产效率较低，理性的经济主体是不会投资的，所以储蓄投资转化的渠道就会出现梗塞。资本边际生产效率的崩溃必然导致经济增长的崩溃，因此要大力发展资本市场，提高投资的效率和效益。要积极进行产业金融或区域金融创新，如大力发展产业投资基金、企业并购重组基金、创业投资基金、房地产投资信托基金等，加快资本的形成和有效利用，居民通过投资这些金融创新工具还可以有效地分享经济增长的福利。

3. 大力推进技术创新

由于我国经济增长与资本边际生产率高度正相关，因此必须大力推进技术创新，提高资本边际生产率。当前我国技术创新的主体高度集中在国有经济部门，必须同时鼓励和推进非国有经济的技术创新，提高非国有经济发展的技术含量，使非国有经济成为我国技术创新的主体。这样，非国有经济就能持续发展和提高竞争力，就有能力持续扩大就业和提高就业人员的薪酬。政府应在资金支持和税收政策上鼓励非国有经济的技术创新。

第三节　哈罗德-多马模型与经济增长分析实验过程

一、实验目的

1. 掌握宏观经济的哈罗德-多马模型理论。
2. 掌握运用哈罗德-多马模型公式计算和分析经济增长的方法。

3. 提高应用数据分析宏观经济现象的能力。

二、实验安排

1. 实验时间安排：随堂实验或者是课后实验，2 学时。
2. 实验地点安排：多媒体教室或是专业实验室。
3. 实验组织安排：学生分 2 人一组，共同完成。

三、实验准备

1. 知识准备：根据实验内容阅读《西方经济学（下册）》教材里有关经济增长、资本的边际生产率和资本投资率等的相关章节，掌握基本概念和方法。

2. 场地准备：多媒体教室或是专业实验室。

3. 软硬件准备：互联网等信息技术软硬件教学设备，EVIEWS10.0 软件。

四、实验要求

1. 选择一个宏观经济观察主体，根据其 GDP 计算出经济增长率。

2. 用哈罗德-多马模型计算出资本的边际生产率和资本投资率等指标的数据。

3. 利用线性回归，求出 GDP 增长率、资本的边际生产率和资本投资率之间的相关系数。

4. 试用宏观经济理论分析宏观经济增长的原因。

五、实验步骤

1. 第一步：选择一个宏观经济观察主体，根据其 GDP 计算出经济增长率。收集其统计期内的 GDP 数值并计算出经济增长率，填写表 11-3。

表 11-3　XX 地区××××—××××年的相关统计数据

年份	GDP /亿元	dGDP /亿元	全社会固定资产投资 I /亿元	资本的边际生产率 /%	资本投资率 /%	GDP 的增长率 /%

2. 第二步：用哈罗德-多马模型计算出资本的边际生产率和资本投资率等指标的数据。本实验以 GDP 增长率表示我国的经济增长率，以资本的边际生产率和资本投资率分别表示我国的资本产出率和资本投资率。其中，GDP 实际增长率为国家统计局每年公布的增长率指标；根据资本边际生产率的定义，资本的边际生产率是资本存量的边际产量（dY/dK），及产出的增量与资本存量变动的比率。因为资本存量（K）的变动等于投资流量（I），因此在总量上，资本的边际生产率又可以用 GDP 的增量与投资的比率（dGDP/I）来表示。投资率又称资本形成率，通常指一定时期内资本形成总额

（总投资）占国内生产总值的比重，一般按现价计算。目前，国际上通行的计算方法为：

$$投资率 = \frac{资本形成总额}{支出法\ GDP} \times 100\% \tag{11-1}$$

此外社会上还存在两种计算投资率的方法：

$$投资率 = \frac{固定资本形成总额}{支出法\ GDP} \times 100\% \tag{11-2}$$

$$投资率 = \frac{全社会固定资产完成总额}{支出法\ GDP} \times 100\% \tag{11-3}$$

上述三种投资率的计算方法存在如下差异：一是从分母来看，涉及不同统计方法的 GDP，理论上，各种方法核算的 GDP 应该相等，但实际核算中，并不完全相等。二是从分子来看，公式（11-2）的分子是固定资本形成总额，把它与存货变动合在一起便是资本形成总额，即公式（11-1）的分子。公式（11-3）的分子是全社会固定资产投资完成额，它是我国固定资产投资统计的核心指标，它与固定资本形成总额在口径上有一定的差别，但由于这种方法的资料容易获得，因而公式（11-3）也经常被采用。本实验也将采用公式（11-3）计算投资率。将计算结果填入表 11-3。

3. 第三步：运用 EVIEWS 软件，对我国的经济增长的相关指标进行相关性分析，并填写表 11-4。

表 11-4　相关系数分析表

	GDP 的增长率	资本的边际生产率	资本投资率
GDP 的增长率			
资本的边际生产率			
资本投资率			

4. 根据模型分析，获得分析结论。

5. 根据实验结论，提出适当的对策建议。运用实证分析结果，为了又快又好地促进××地区的实际经济增长，提出一些合理的建议。

六、实验预期结果

1. 撰写完成《××地区哈罗德-多马模型与经济增长分析实验报告》。

2. 通过实验练习，使学生加深对哈罗德-多马模型与经济增长理论知识和应用的理解。

3. 学会应用哈罗德-多马模型分析经济增长状态。

第十二章 新古典增长模型（索洛模型）与经济增长分析实验

■教学目标

1. 掌握宏观经济的索洛模型理论。
2. 掌握运用索洛模型公式计算和分析经济增长的方法。
3. 提高应用数据分析宏观经济现象的能力。

第一节 新古典增长模型（索洛模型）与经济增长分析理论

索洛模型又称作新古典经济增长模型、外生经济增长模型，是在新古典经济学框架内的经济增长模型，是索洛于1956年首次创立的，用来说明储蓄、资本积累和经济增长之间的关系。自建立以来，这一模型一直是分析以上三个变量关系的主要理论框架。

一、模型假设

（1）全社会只生产一种产品。

（2）生产要素之间可以相互替代，该模型假设储蓄全部转化为投资，即假设储蓄—投资转化率为1。

（3）该模型假设投资的边际收益率递减，即投资的规模收益是常数。

（4）生产的规模收益不变。

（5）储蓄率不变。

（6）不存在技术进步。

（7）人口增长率不变。

二、模型

（一）模型变量

外生变量：储蓄率、人口增长率、技术进步率。

内生变量：投资。

（二）模型

索洛模型为 $sf(k)=\Delta k+nk$。式中：s 为储蓄率；k 为人均资本占有量；$y=f(k)$ 为人均形式的生产函数；n 为人口（或劳动力）增长率；Δk 为单位时间内人均资本的改变量。模型表明，一个经济社会在单位时期内（如 1 年）按人口平均的储蓄量被用于两个部分：一部分为人均资本的增加 Δk，即为每一个人配备更多的资本设备；另一部分是为新增加的人口配备按原有的人均的配备资本设备 nk。第一部分被称为资本深化，而后一部分则被称为资本广化。

经济增长决定于生产要素投入量的增加和生产技术的进步。技术进步对经济增长的影响和贡献可以用生产函数进行分析和评估。在生产理论中，技术进步分无形技术进步和有形技术进步两种，这里我们仅讨论无形技术进步。所谓无形技术进步是指生产函数在时间上的变动所反映出来的综合投入效果。无形技术进步对生产中经济增长的影响不需要增加任何投入，反映无形技术进步的生产函数的一般形式为：

$$Y=f(L(t),\ K(t),\ t) \tag{12-1}$$

其中，t 表示时间，劳动 L 和资本 K 随时间变化。阐述时间的变化可表示为：

$$\frac{dY}{dt}=\frac{\partial f}{\partial L}\frac{dL}{dt}+\frac{\partial f}{\partial K}\frac{dK}{dt}+\frac{\partial f}{\partial t} \tag{12-2}$$

（12-2）式右边的前两项分别表示由于劳动投入和资本投入的增加所引起的产出的变化，此即生产函数的运动。最后一项表示由无形技术进步所引起的产出变化，即生产函数的位移。无形技术进步对产出增加的影响虽然不与任何投入因素相联系，但是它包含了对投入要素的重新组织，也就是说，经济增长是通过重新组织的生产要素，而不是通过增加生产要素来实现。

无形技术的测度一般用技术进步率来表示，用产出（12-2）式除以 Y，得到：

$$\frac{1}{Y}\frac{dY}{dt}=\frac{L}{Y}\frac{\partial f}{\partial L}\frac{1}{L}\frac{dL}{dt}+\frac{K}{Y}\frac{\partial f}{\partial K}\frac{1}{K}\frac{dK}{dt}+\frac{1}{Y}\frac{\partial f}{\partial t} \tag{12-3}$$

这里所有项都是用变化的比率来表示的，等式左边是产出增长率；右边前两项是两种投入增长率的加权和，所用权数为各自的投入弹性，第三项就是无形技术进步率。假设产出关于劳动和资本的弹性不变，分别用 α 和 β 表示，并且假定无形技术进步也是一个常数 m，那么 12-3 式可以写为：

$$\frac{1}{Y}\frac{dY}{dt}=\alpha\frac{1}{L}\frac{dL}{dt}+\beta\frac{1}{K}\frac{dK}{dt}+m \tag{12-4}$$

这里的 m 就是中性无形技术进步率。

当技术进步为中性时，（12-4）式可从 C-D 生产函数导出，其中假定 A 是时间的指数函数，既有：

$$Y=A_0e^{mt}L^{\alpha}(t)K^{\beta}(t) \tag{12-5}$$

对上式取对数得

$$\ln Y = A_0 + mt + \alpha \ln L(t) + \beta \ln K(t) \tag{12-6}$$

微分（12-6）式后得到：

$$\frac{d\ln Y}{dt} = \frac{1}{Y}\frac{dY}{dt} = \alpha\frac{1}{L}\frac{dL}{dt} + \beta\frac{1}{k}\frac{dK}{dt} \tag{12-7}$$

此式可以为 12-4 和 12-5 式中的指数时间趋势项中的无形技术进步率 m 做出解释。无形技术进步率可由 12. 4 式得到，即：

$$m = \frac{1}{Y}\frac{dY}{dt} - \alpha\frac{1}{L}\frac{dL}{dt} - \beta\frac{1}{k}\frac{dK}{dt} \tag{12-8}$$

若以 y 表示产出增长率 $\frac{l}{Y}\frac{dY}{dt}$，l 表示劳动增长率 $\frac{l}{L}\frac{dL}{dt}$，k 表示资本增长率 $\frac{l}{k}\frac{dK}{dt}$，则上式可化为：

$$m = y - \alpha l - \beta k \tag{12.9}$$

这即是著名的索洛增长速度方程。技术进步率等于产出增长率减去所有投入增长率的加权和，其权数分别是产出关于各项投入要素的弹性。

技术进步以及各个要素投入对经济增长的贡献大小，可以用贡献率来衡量，用公式表示为：

$$\text{技术进步贡献率 } E_A = \frac{m}{y} \times 100\% \tag{12-10}$$

$$\text{劳动贡献率 } E_L = \alpha\frac{l}{y} \times 100\% \tag{12-11}$$

$$\text{资本贡献率 } E_K = \beta\frac{k}{y} \times 100\% \tag{12-12}$$

$$E_A + E_l + E_k = 1 \tag{12-13}$$

哈罗德与多马假定生产过程中的资本—产出比保持不变，从而得出经济系统不能自行趋于稳定的结论。但在 20 世纪 50 年代，托宾、索洛、斯旺和米德等人则分别证明，如果放弃资本—产出比保持不变的假定，也即假定资本与劳动之间完全可替代，则经济系统会自行趋于充分就业的均衡。这一结论与凯恩斯学派之前的古典学派的观点一致，所以西方经济学将这几位经济学家的相似论证统称为新古典经济增长理论。该模型修正了哈罗德-多马模型的生产技术假设，采用了资本和劳动可替代的新古典科布—道格拉斯生产函数，从而解决了哈罗德-多马模型中经济增长率与人口增长率不能自发相等的问题。因为在科布-道格拉斯生产函数中，劳动数量既定，随资本存量的增加，资本的边际收益递减规律确保经济增长稳定在一个特定值上。该模型没有投资的预期，因此回避了有保证的经济增长率与实际经济增长率之间的不稳定。

第二节　新古典增长模型（索洛模型）与经济增长分析实验案例

本实验所用到的原始数据有国内生产总值（以 Y 表示），实物资本（K 表示）和劳动力人数（L 表示）。统计期为 1980—2007 年，国内生产总值经过了市场物价指数折算后的数值。资本存量 K 运用全社会固定资产投资总额，为了统一口径都不考虑价格因素，均按当年价格计算。劳动力 L 为模型所用的劳动投入量，为历年的就业人数，即为年末从业人数。同时为了使数据更为简洁，用数字 1-28 代替 1980—2007 年，在模型中用 t 表示。

表 12-1　1980—2008 年我国产出量、劳动投入量、资本投入量的数据

年份	GDP（Y）	就业人数（L）	全社会固定资本投资（K）	时间 t
1980	4 545.6	42 361	910.9	1
1981	4 891.6	43 725	961.0	2
1982	5 323.4	45 295	1 230.4	3
1983	5 962.7	46 436	1 430.1	4
1984	7 208.1	48 197	1 832.9	5
1985	9 016.0	49 873	2 543.2	6
1986	10 275.2	51 282	3 120.6	7
1987	12 058.6	52 783	3 791.7	8
1988	15 042.8	54 334	4 753.8	9
1989	16 992.3	55 329	4 410.4	10
1990	18 667.8	64 749	4 517.0	11
1991	21 781.5	65 491	5 594.5	12
1992	26 923.5	66 152	8 080.1	13
1993	35 333.9	66 808	13 072.3	14
1994	48 197.9	67 455	17 042.1	15
1995	60 793.7	68 065	20 019.3	16
1996	71 176.6	68 950	22 974.0	17
1997	78 973.0	69 820	24 941.1	18
1998	84 402.3	70 637	28 406.2	19
1999	89 677.1	71 394	29 854.7	20
2000	99 214.6	72 085	32 917.7	21
2001	109 655.2	73 025	37 213.5	22
2002	120 332.7	73 740	43 499.9	23
2003	135 822.8	74 432	55 566.6	24
2004	159 878.3	75 200	70 477.4	25
2005	183 217.4	75 825	88 773.6	26
2006	211 923.5	76 400	109 998.2	27
2007	249 529.9	76 990	137 323.9	28

利用 EVIEWS 软件对模型进行回归。

将 $\alpha+\beta=1$ 代入 $\ln Y=\alpha\ln L+\beta\ln K+mt+\ln A_0$ 得

$$\ln Y=(1-\beta)\ln L+\beta\ln K+mt+\ln A_0$$

$$\ln\frac{Y}{L}=\beta\ln\frac{K}{L}+mt+\ln A_0$$

令 $\ln\frac{Y}{L}=Q$，$\ln\frac{K}{L}=P$，$\ln A_0=a_0$，则方程变为 $Q=a_0+\beta P+mt+u$，

用软件对该二元一次线性方程进行回归，回归结果如下：

$Q=-0.297+0.5427P+0.0455t$

Se=（0.435 6）　（0.107）　（0.017 4）

t=（-0.681 8）（5.064 8）　（2.613 9）

R^2=（0.993 7）

调整的 R^2=0.993 2　F=1 984.175

则柯布道格拉斯函数为

$Y=0.734e^{0.0455t}L^{0.4573}K^{0.5427}$

从回归结果看，调整的 R^2=0.993 2，模型的拟合程度较高，且 F=1 984.175，方程整体能够通过检验，系数也能通过 t 检验，显著性较强。该方程所估计的资本产出弹性 β 为 0.542 7，劳动产出弹性 α 为 0.457 3，该经济增长模型似乎能很好地描绘我国 1980—2007 年的经济情况。实际上该模型对大多数的发展中国家，如亚洲国家和地区都比较合适。这说明了大多数发展中国家在经济的起步发展阶段，技术水平都比较低，主要靠大量投入劳动和资本来支撑整个国民经济的高速发展。特别是我国 1980 年以来，投资推动型的经济增长特征十分明显。而其中的投资往往占了 GDP 的很大比重。大部分资金主要都投向了固定资产方面，符合客观的经济意义。

利用前面的回归结果和前文推导的要素贡献率公式，进行进一步计算技术进步对经济增长率的贡献程度 E_A，劳动投入增长对经济增长率的贡献程度 E_L 和资本投入增长对经济增长率的贡献程度 E_K。表 12-2 是计算结果。

由表 12-2 可看出，在 1981—2007 年我国经济增长的过程中，劳动投入的贡献率甚微，其平均贡献率仅为 14.6%，该值相对于发达国家而言都是小的。从长期看，劳动投入贡献率的整体比较平稳，可看出劳动数量的投入对于我国经济增长的拉动极其有限。相对来说，资本投入的平均贡献率却非常高，各年的平均值达到了 83.6%，在 2000—2007 年的平均贡献率更是高达 97.9%。另外，资本投入贡献率的波动较大，最高年份 1982 年的 130.6%与最低年份 1989 年的-105.9%相差了 230 多个百分点。这与我国经济增长的现实特征相比是基本符合的，即经济增长中劳动的贡献较小，而资本的贡献却举足轻重，特别是在 2000—2007 年，固定资产年平均增长率达到 25%，其平均贡献率也达到了 97.9%，对经济增长的推动作用相当大。当然该时期如此高的投资率部分原因也可归结为我国 2000 年以来政府实施的以拉动投资和消费为目的的积极的财政政策和货币政策。

表 12-2 相关计算结果

年份	产出增长率 $\Delta Y/Y$	劳动投入增长率 $\Delta L/L$	资本投入增长率 $\Delta K/K$	技术进步增长率 m	劳动投入贡献率 EL	资本投入贡献率 EK
1981	0.052	0.032	0.055	0.009 6	0.281 4	0.574 0
1982	0.091	0.036	0.280	-0.439 0	0.180 9	1.669 8
1983	0.109	0.025	0.162	0.021 6	0.104 9	0.806 6
1984	0.152	0.038	0.282	0.015 7	0.114 3	1.006 9
1985	0.135	0.035	0.388	-0.032 0	0.118 6	1.559 8
1986	0.088	0.028	0.227	-0.024 7	0.145 5	1.399 9
1987	0.116	0.029	0.215	0.007 1	0.114 3	1.005 9
1988	0.113	0.029	0.254	-0.009 9	0.117 4	1.219 9
1989	0.041	0.018	-0.072	0.076 2	0.200 8	(0.953 0)
1990	0.038	0.170	0.024	-0.041 3	2.045 8	0.342 8
1991	0.092	0.011	0.239	-0.017 8	0.054 7	1.409 8
1992	0.142	0.010	0.444	-0.029 7	0.032 2	1.696 9
1993	0.135	0.010	0.618	-0.076 9	0.033 9	2.484 4
1994	0.126	0.010	0.304	-0.005 0	0.036 3	1.309 4
1995	0.105	0.009	0.175	0.020 0	0.039 2	0.904 5
1996	0.096	0.013	0.148	0.020 0	0.061 9	0.836 7
1997	0.088	0.013	0.086	0.039 6	0.067 6	0.530 4
1998	0.078	0.012	0.139	0.006 3	0.070 4	0.967 1
1999	0.071	0.011	0.051	0.039 4	0.070 8	0.389 8
2000	0.08	0.010	0.103	0.025 0	0.057 2	0.698 7
2001	0.075	0.013	0.131	0.006 6	0.079	0.947 9
2002	0.083	0.010	0.169	-0.000 3	0.055 1	1.105 0
2003	0.093	0.009	0.277	-0.028 9	0.044 3	1.616 4
2004	0.095	0.010	0.268	-0.024 6	0.048 1	1.531 0
2005	0.102	0.008	0.260	-0.013 5	0.035 9	1.383 4
2006	0.111	0.008	0.239	0.002 6	0.033 0	1.168 5
2007	0.119	0.008	0.248	0.007 3	0.030 7	1.131 0

由表 12-2 也不难得出，技术进步对我国经济增长的贡献率微乎其微。平均各年的技术进步贡献率为 1.80%，有 12 年的贡献率为负值。从长期来看，技术进步对我国经济贡献份额的变化起伏较大，整体上呈现“下降—上升—下降—下降—上升”的态势，其中从 1981—1986 年平均贡献率为-8.5%，1987—1989 年上升到 60.08%；1990—1994 年平均技术进步贡献率都是为负值，平均为-41.9%；1995—1999 年技术进步贡

献率上升为 30%，同期的国民生产总值的增长也处于较快的阶段。2000—2002 年的平均技术进步贡献率为 13.4%；2003—2005 年的平均贡献率下降到-23.4%；2006—2007 年的技术进步贡献率上升到了 4.43%，也带动了国内生产总值增长率平均达到 11.5%。从上述分析看来，技术进步贡献率对国内生产总值增长的促进作用是非常明显的。需引起各方高度重视的是我国从 1990—1994 年连续五年的技术进步贡献率均为负值，这充分表明这几年来我国经济的增长是依靠投资拉动实现的，也就是说，我国的经济增长依然是粗放型的，是依靠要素投入实现的，还没有过渡到集约式经济增长的模式。

此外，从资本和技术进步两者对经济增长的贡献率的横向比较来看，资本增长率贡献远高于技术进步贡献率。但从动态角度看，资本增长的贡献率和技术进步贡献率呈反向变动的趋势，即技术进步贡献率呈上升的趋势，资本投入贡献率则呈下降的趋势，而近年来，两者的差距又在不断地缩小。从上述实证分析的结果来看，尽管近 30 年来我国的经济发展速度很快，综合经济实力也大大增强，但诸多因素使得我国经济的增长依然是以粗放型为主，自主创新能力弱，科技发展水平较低，经济整体质量和宏观经济效益仍然不甚理想。从各种因素对经济增长的作用的长期趋势看，制约我国未来经济持续增长的核心因素将是“技术进步”。因此如何提高自主创新能力，培育核心关键技术，提升科技发展水平从而实现由“粗放型”向“集约型”经济的最终转变，将是我国今后相当长一段时间里亟待解决的问题。

第三节　新古典增长模型（索洛模型）与经济增长分析实验过程

一、实验目的

1. 掌握宏观经济的索洛模型理论。
2. 掌握运用索洛模型公式计算和分析经济增长的方法。
3. 提高应用数据分析宏观经济现象的能力。

二、实验安排

1. 实验时间安排：随堂实验或者是课后实验，2 学时。
2. 实验地点安排：多媒体教室或是专业实验室。
3. 实验组织安排：学生分 2 人一组，共同完成。

三、实验准备

1. 知识准备：根据实验内容阅读《西方经济学（下册）》教材里有关索洛模型和经济增长的相关章节，掌握基本概念和方法。

2. 场地准备：多媒体教室或是专业实验室。

3. 软硬件准备：互联网等信息技术软硬件教学设备，EVIEWS10.0 软件。

四、实验要求

1. 选择一个宏观经济观察主体，确定实验相关的指标，收集相关统计期内的数据。
2. 建立模型并用软件对模型进行回归。
3. 利用回归结果和公式计算生产要素增长对经济增长率的贡献程度。
4. 对计算结果进行比较动态分析。

五、实验步骤

1. 第一步：选择一个宏观经济观察主体，确定实验相关的指标，收集统计期内指标的数据，并填写表 12-3。

表 12-3　××××—××××年我国产出量、劳动投入量、资本投入量的数据

年份	GDP（Y）	就业人数（L）	全社会固定资本投资（K）	时间 t

2. 第二步：建立生产函数模型并用软件对模型进行回归。根据柯布—道格拉斯生产函数进行处理后的变形公式为：$\ln Y = \alpha \ln L + \beta \ln K + mt + \ln A_0$，用软件对其进行回归。并将回归的结果写出。对结果进行初步的检验判断，并进行进一步的解读。

3. 第三步：利用回归结果和公式计算生产要素增长对经济增长率的贡献程度。回归结果为进一步计算生产要素增长对经济增长率的贡献程度提供了可靠的系数。利用第一节推导的技术进步率等于产出增长率减去所有投入增长率的加权和，其权数分别是产出关于各项投入要素的弹性，即 $m = y - \alpha l - \beta k$，计算出技术进步的增长率。然后再进一步计算各个要素投入对经济增长的贡献大小，可以用各要素投入贡献率来衡量，即进行进一步计算技术进步对经济增长率的贡献程度 E_A，劳动投入增长对经济增长率的贡献程度 E_L 和资本投入增长对经济增长率的贡献程度 E_K，并将计算的结果填写表 12-4。

表 12-4　相关计算结果

年份	产出增长率 $\Delta Y/Y$	劳动投入增长率 $\Delta L/L$	资本投入增长率 $\Delta K/K$	技术进步增长率 m	劳动投入贡献率 EL	资本投入贡献率 EK

表12-4(续)

年份	产出增长率 $\Delta Y/Y$	劳动投入增长率 $\Delta L/L$	资本投入增长率 $\Delta K/K$	技术进步增长率 m	劳动投入贡献率 EL	资本投入贡献率 EK

4. 第四步：对计算结果进行比较动态分析。通过表格数据信息，纵向上分阶段分析在统计期内经济体经济增长的过程中，劳动投入的贡献率、资本投入的贡献率和技术进步贡献率的大小和不同阶段的变化，判断各要素在经济增长中的重要性。横向上对比各要素的贡献度并进行动态的变化趋势分析，为宏观经济发展政策提供分析依据。

六、实验预期结果

1. 撰写完成《××地区索洛模型与经济增长分析实验报告》。
2. 通过实验练习，使学生加深对索洛模型与经济增长理论知识和应用的理解。
3. 学会应用索洛模型分析经济增长状态。

附录

《国民经济核算统计报表制度》

一、为了全面、系统、完整地反映我国国民经济运行状况，为各级政府制定有关政策和计划，进行宏观管理和决策提供依据，根据《中华人民共和国统计法》规定，特制定本综合制度。

二、《国民经济核算综合统计报表制度》包括五部分，即地区生产总值核算制度、投入产出核算制度、资金流量核算制度、国民资产核算制度和国民经济账户制度。本综合制度的综合范围为各省、自治区、直辖市、计划单列市、新疆生产建设兵团辖区内的地区生产总值的生产、分配和支出情况，投入产出关系，社会资金的流量和流向，国民资产存量状况，以及各机构部门从生产、收支、资本、金融活动到资产负债的循环全过程。

三、《国民经济核算综合统计报表制度》是国家统计报表制度的重要组成部分，是国家统计局对各省、自治区、直辖市、计划单列市、新疆生产建设兵团统计局在国民经济核算方面的综合要求，各地区应按照全国统一的要求，认真组织实施，按时填报。

四、本制度由国家统计局负责解释。

（一）地区生产总值核算制度

1. 为了全面反映我国国民经济的发展规模、结构等方面的情况，为各级政府制定政策和计划、进行宏观管理提供依据，依据《中华人民共和国统计法》规定，特制定本核算制度。

2. 《地区生产总值核算制度》是国家调查的一部分，是国家统计局对各省、自治区、直辖市、计划单列市、新疆生产建设兵团统计局的综合要求，各地区应按照全国统一的要求，认真组织实施，按时填报。

3.《地区生产总值核算制度》分年报和定期报表两部分。表中各项指标的含义和计算方法，应按照国民经济核算司《国内生产总值年度核算方案》和《国内生产总值季度核算方案（试行）》执行。

4. 地区收入总值等于地区生产总值加地区外净要素收入。由于各地区计算地区外净要素收入比较困难，目前仍有部分地区没有开展这项工作，因此，对于地区收入总值的上报暂不作统一规定。有条件的地区，可按制度规定上报，没有条件的地区，可以暂时不报，但应积极开展调查研究，创造条件，进行试算，以满足地方政府决策需要。

5. 综合年报的不变价格计算以 2005 年为基期，综合定期报表的不变价格计算以 2010 年为基期。

（二）投入产出核算制度

1. 为满足宏观经济管理与调控的需要，为研究国民经济综合平衡、产业结构调整、地区经济协调发展、制定国民经济发展计划等提供依据，依照《中华人民共和国统计法》的规定，特制定本核算制度。

2.《投入产出核算制度》是国家统计调查制度的一部分。根据国务院办公厅国办发〔1987〕18 号文件“每五年进行一次全国投入产出调查，编制投入产出表”的规定，逢二、逢七年份编制投入产出基准表，逢零、逢五年份编制投入产出延长表。

3.《投入产出核算制度》共有三张总表表式。

（三）资金流量核算制度

1. 为全面、完整、系统地描述我国社会资金活动，清晰地反映国民经济的运行状况，为宏观经济调控提供依据，根据《中华人民共和国统计法》的规定，特制定本核算制度。

2. 资金流量核算的范围是本地区（省、自治区、直辖市、计划单列市、新疆生产建设兵团）各机构部门的资金流量状况，核算的内容包括经济循环过程中各种形式的资金。

3.《资金流量核算制度》（收入分配）由各省、自治区、直辖市、计划单列市、新疆生产建设兵团统计局编报。

4.《资金流量核算制度》共有两张综合表，其中，资金流量（收入分配）表一张，资金流量（金融交易）表一张。

（四）国民资产核算制度

1. 为全面、完整、系统、有效地反映我国国民经济活动的历史积累成果、经济总体实力，了解我国国民资产的总规模及结构状况，为各级政府制定政策和计划，进行经济管理与调控提供依据，依照《中华人民共和国统计法》的规定，特制定本核算制度。

2.《国民资产核算制度》由各省、自治区、直辖市统计局，新疆生产建设兵团统计局，计划单列市统计局上报国家统计局。

3.《国民资产核算制度》共有五张表式，其中：资产负债综合表一张，机构部门资产负债表四张。一般要求只报送资产负债综合表，有条件的地区可编制和报送分机构部门资产负债表。在资产负债综合表和各机构部门资产负债表中，对于金融资产与负债部分没有编制条件的地区可暂不报送。

4. “非金融企业部门资产负债表”中的“国有企业、集体企业、私营企业、外商及港澳台商投资企业”等是按登记注册类型划分的各类企业，而不是按资本金划分的各类企业，核算原则与方法可根据国家统计局最新制定的《关于统计上划分经济成分的规定》和《关于划分企业登记注册类型的规定》来执行。

（五）国民经济账户制度

1. 为全面了解和掌握国民经济运行过程，提供系统、科学的分析方法，为宏观经济分析、管理和决策提供全面、系统、翔实的基础数据，保证国民经济核算方法和数据资料的国际接轨，依照《中华人民共和国统计法》的规定，特制定本制度。

2.《国民经济账户制度》由各省、自治区、直辖市、计划单列市、新疆生产建设兵团统计局上报国家统计局。

3. 由于部分地区目前没有开展金融交易核算，因此，地区国民经济账户上报暂不作统一规定；有条件的地区，可按制度规定上报，条件不成熟的地区，可以暂时不报，但应积极开展调查研究，创造条件，逐步建立和完善这项制度。

中华人民共和国国家统计局

2014 年 4 月 24 日

参考文献

1. 汪祥春. 宏观经济学［M］. 第4版. 大连：东北财经大学出版社，2005.

2. 梁小民. 宏观经济学［M］. 北京：中国社会科学出版社，1996.

3. 弗兰克，伯南克. 宏观经济学原理［M］. 第2版. 北京：清华大学出版社，2004.

4. 司春林，王安宇. 宏观经济学：中国经济分析［M］. 上海：上海财经大学出版社，2006.

5. 曹家和. 宏观经济学［M］. 北京：清华大学出版社，北京交通大学出版社，2006.

6. 黄亚钧，袁志刚. 宏观经济学［M］. 第2版. 北京：高等教育出版社，2016.

7. 叶德磊. 宏观经济学（第3版）［M］. 北京：高等教育出版社，2014.

8. 梁小民. 高级宏观经济学教程［M］. 北京：北京大学出版社，2000.

9. 张延. 中级宏观经济学［M］. 北京：北京大学出版社，2010.

10. 布兰查德. 宏观经济学［M］. 北京：清华大学出版社，2003.

11. 石良平. 中级宏观经济学［M］. 上海：上海财经大学出版社，2004.

12. 布劳格. 经济学方法论［M］. 中文版，北京：北京大学出版社，1990.

13. 易宪容. 交易行为与和约选择［M］. 116页，北京：经济科学出版社，1998.

14. 傅红春. 宏观经济学：指标的测定与调控［M］. 北京：中国经济出版社，2008.

15. 陈德胜，李纯青，文根第. 中国宏观经济分析框架［M］. 北京：经济科学出版社，2007.

16. 蒋选. 中国宏观经济运行与调控［M］. 北京：中国财经出版社，2006.

17. 汪浩瀚. 宏观经济分析的方法论基础［M］. 北京：工商出版社，2002.

18. 王小广. 中国经济高速增长是否结束？［M］. 北京：中国经济出版社，1999年。19. 姜彦福：我国国家经济安全态势观察报告（1999—2000）［M］. 北京：经济科学出版社，2000.

19. 杜厚文，黄泰岩. 通货紧缩下的经济增长［M］. 北京：经济科学出版社，2003.

20. 多恩布什 R，费希尔. 宏观经济学（6 版）［M］. 李庆云，刘文忻，译. 北京：中国人民大学出版社，1997.

21. 罗伯特·M. 索洛. 增长理论：一种解释［M］. 冯健等译. 北京：中国财政经济出版社，2004.

22. 约翰·伊特韦尔，默里·米尔盖特，彼得·纽曼. 新帕尔格雷夫：经济学大辞典［M］. 北京：经济科学出版社，1996.

23. Harrod，R. F，Towards a Dynamic Econom ics. Some Recent Developments of Econom ic Theory and their app lications to Policy［M］. Macm illan，Lodon，1948.

24. 葛新权，王国成. 实验经济学引论：原理·方法·应用［M］. 北京：社会科学文献出版社，2006.

25. 张耀辉. 实验经济学教程［M］. 北京：经济科学出版社，2006.

26. 高鸿业. 西方经济学［M］. 7 版. 北京：人民大学出版社，2018.

27. 张晓峒. 计量经济学基础［M］. 天津：南开大学出版社，2007.

28. 张晓峒. EViews 使用指南与案例［M］. 北京：机械工业出版社，2007.

29. 陈明朗. 经济成长［M］. 台北：华泰文化事业股份有限公司，1999：44-47.

30. 威廉·伊斯特利. 在增长的迷雾中探索［M］. 姜世明，译. 北京：中信出版社，2005：26-28.

31. Wolfe，J. N. The Representative Firm［J］. Economic Journal，1954. 64，（6）.

32. 姚勇. 金融学的范式、理论和方法：历史考察与现实审视［J］. 经济评论，2000（6）.

33. 杨玉成. 西方经济学中的“范式”和“研究纲领”［J］. 自然辩证法研究，2001（12）.

34. 汪浩瀚. 论主流经济理论演进的若干新特征［J］. 经济评论，2001（1）.

35. 汪浩瀚. 经济方法论的个人主义与整体主义之争［J］. 经济科学，2002（2）.

36. Debreu，G.：Theory of Value［M］. New York：John Wiley and Sons. 1959.

37. 姚勇. 金融学的范式、理论和方法：历史考察与现实审视［J］. 经济评论，2000（6）.

38. 诺斯. 时间进程中的经济绩效［J］. 经济社会体制比较，1995（6）.

39. 王一鸣. 改革开放以来我国宏观经济政策的演进与创新［J］管理世界，2018，3：1-10.

40. 毛学松. 对当前中国宏观经济的几点思考［J］. 经济研究，2006（1）.

41. 郭树清. 中国宏观经济分析基础，金融研究［J］. 2005（1）.

42. 郝春禄. 中国宏观经济的发展模式与政策研究［J］. 社会科学辑刊，2006（1）.

43. 王梅，毛飞. 经济周期确定方法的选择与中国宏观经济常态［J］. 生产力研究，2005.

44. Harrod R. F. An Essay in Dynam ic Theory［J］. The Econom ic Journal，1939，193（49）：14-33.

45. Domar Evsey D. Cap ital Expansion，Rate of Growth，and Emp loyment［J］. Econometrica，1946，14（2）：137-147.